Cerda Gutiérrez, Hugo, 1938-

Proyecto de aula : el aula como sistema de investigación y
construcción de conocimientos / Hugo Cerda Gutiérrez. — Bogotá: Cooperativa Editorial Magisterio, 2001. 188 p.; 21 cm. —Colección Mesa Redonda)
Incluye bibliografía.

1.	Pedagogía 2. Análisis del proceso de interacción en
educación 3. Métodos de enseñanza 4. Aprendizaje cooperativo 5.
Planificación educativa I. El aula como sistema de investigación y
construcción de conocimientos II.Tít. IIi. Serie

371.102 cd 20 ed.

AHE8578

CEP-Biblioteca Luis-Angel Arango

Hugo
Cerda Gutiérrez

El Proyecto
de Aula

El aula como un sistema de investigación y construcción de conocimientos

MAGISTERIO
EDITORIAL

Colección Mesa Redonda

EL PROYECTO DE AULA
*El aula como sistema de investigación y
construcción de conocimientos*

Autor
©   *HUGO CERDA GUTIÉRREZ*

Libro ISBN: 978-958-20-0618-1

Primera edición: 2001
Segunda edición: 2008
Tercera edición: 2011
Reimpresión 2019.

©   *COOPERATIVA EDITORIAL MAGISTERIO*
        Diag. 36 Bis *(Parkway La Soledad)* N° 20-70 PBX: 3383605
        Bogotá, D.C., Colombia.
        www.magisterio.com.co

Dirección General
ALFREDO AYARZA BASTIDAS

Dirección Editorial
HILCE PATRICIA SÁNCHEZ R.

CONTENIDO

Prólogo

Promisorias perspectivas para la educación, representa la cada vez más utilizada estrategia académica y didáctica por proyectos y que en la actualidad participa en todos los niveles de la vida educativa moderna: en el aula, en la institución educativa, en el currículo o en la comunidad educativa en general. Desde que Kilpatrick y Dewey propusieron su sistema de proyectos, esta modalidad pedagógica se ha transformado en una importante herramienta de apoyo para el docente y el estudiante, particularmente al interior de un proceso formativo que cada vez demanda medios más ágiles para conectarse con la realidad. Su uso comienza a incrementarse cuando los currículos cerrados de la escuela tradicional entran en crisis y se inicia un proceso de apertura y flexibilización debido a las demandas de un mundo que vive en medio de vertiginosos y sorprendentes cambios.

Para los educadores ha sido un soporte valiosísimo en sus intentos para alcanzar su tan anhelada autonomía curricular, activar el proceso cognoscitivo y poner en contacto al estudiante con la realidad social, pero fundamentalmente es una herramienta que ha posibilitado la investigación, la creatividad, la participación, la autonomía y el desarrollo de todas las esferas de la personalidad: la socioafectiva, la intelectual y la axiológica. Y, en este campo las propuestas y modelos abundan: proyectos pedagógicos, proyectos de vida, proyectos de desarrollo, proyectos de investigación, etc., y naturalmente el tema que nos ocupa, el proyecto de aula.

No hay duda que, en la actualidad, el dolor de cabeza de los planificadores y expertos educativos ha sido encontrar los medios y las fórmulas que les permitan estar a la altura de este inusitado ritmo de cambios de la sociedad moderna; estar en condiciones de crear programas, currículos y formas de trabajo que, por un lado, se conviertan en valores estables y permanentes como una garantía de supervivencia social y cultural y, por otro lado, respondan a esta dinámica de cambio y a ese imperativo transformador que nos impone el mundo actual, o sea, alcanzar un equilibrio entre lo que permanece y lo que cambia, entre aquellos contenidos que hacen parte permanentemente de una estructura curricular y todos aquellos que están cambiando y renovándose. Para consolidar un proceso de este tipo, se requiere no sólo de medios para implementarlos, sino de una capacidad para adaptarse a este flujo y reflujo social que vive la sociedad moderna. Se busca de esta manera que tanto el docente como el estudiante aprendan a escudriñar la realidad, y estar alerta a todo lo que sucede a su alrededor con el propósito de alcanzar el equilibrio entre la acomodación y la asimilación —de lo cual nos habla Piaget—, es una condición necesaria para alcanzar niveles óptimos de adaptación. Y aquí hay que recordar las palabras de Federico Engels que como imperativo de desarrollo señalaba: "el hombre al transformar la naturaleza se transforma a sí mismo". Es el atributo sensible que permite captar lo más valioso de esta realidad y convertirlo en un valor permanente de formación, función que les corresponderá desarrollar a quienes tienen la misión de enseñar y aprender.

Para nadie es un secreto que la estabilidad de los sistemas educativos es una garantía para la supervivencia cultural, social y política de un país, lo cual asegura la continuidad y el desarrollo de todo este patrimonio social, cultural y político en el medio en donde vivimos y actuamos. G. Snyders decía en su obra *Pedagogía Progresista* (1972), que la identidad de una población está dada por la conjunción entre los valores permanentes y los cambios que se van dando en un proceso dual que se destaca por su movilidad y estabilidad, pero donde lo más valioso de estos cambios se incorpora y hace parte de un sistema que le da unidad, equilibrio y coherencia a las fuerzas que lo integran, es decir, una percepción dialéctica que nos permite entender la naturaleza y el significado de los cambios.

Todo esto que parece tener un sentido lógico y coherente en un plano teórico, se dificulta en el momento de encontrar los procedimientos que permitan hacer realidad esta doble función que posibilite por un lado una renovación y un cambio permanente y, por otro, una incorporación de lo más valioso de estas transformaciones. Los currículos, durante muchas décadas se concibieron como unidades cerradas, lo cual, a juicio de los planificadores, era una garantía de la congelación de las ideas y valores dominantes y, una defensa contra todo aquello que pusiera en peligro esta inmovilidad. Pero, quizás rebasados por una realidad social que exigía una educación que estuviera más a tono con las necesidades, intereses y expectativas de la sociedad moderna, esta se vio obligada a modificar permanentemente sus formas y contenidos y a adecuarse a los cambios imperantes. Los currículos se abrieron y se flexibilizaron y, en general, se percibió un cambio de actitud frente a este estado de cosas, lo cual dejó el camino abierto para que sus contenidos se nutrieran con esta realidad. Ello permitió acercar un poco más la escuela a la vida, que si bien es un principio aceptado universalmente, está muy lejos de convertirse en una razón básica de trabajo educativo.

Pero, no hay que creer que el proyecto, y particularmente, el proyecto de aula, pueda erigirse en la panacea pedagógica si no estamos convencidos que es sólo un medio y una forma dialéctica de percibir la realidad donde se actúa y que si es utilizado con inteligencia y con rigor, puede convertirse en una herramienta muy valiosa como extensión natural de los currículos, de los PEI y del proceso educativo en general. Pero, para lograrlo es importante conocer las debilidades y las fortalezas de los currículos y los programas vigentes, sus objetivos e intenciones, porque, de esta manera, un proyecto de aula puede surgir no sólo como una propuesta alternativa de trabajo, como un acto compensatorio o remedial, sino como un medio que nos puede ayudar a crear un verdadero sistema de comunicación, investigación y construcción de conocimientos en el aula, en la escuela y en la propia comunidad educativa.

Laurent Dubois, destacado sociólogo y pedagogo francés afirmaba que para practicar lo que él denomina *projet de classe* (proyecto de aula), era necesario adherirse a las recientes teorías de aprendizaje que establecen una clara distinción entre la enseñanza y el aprendizaje. Según él esta distinción modifica sustancialmente las relaciones existentes en el seno del triángulo didáctico "maestro-alumno-saber" y replantea los principios tradicionales que nos hablan de la unidad inseparable entre los actores del acto pedagógico. Desde esta óptica, el maestro no es el único responsable de la transmisión de los saberes, ni el alumno es un sujeto pasivo en el aprendizaje y, el acceso al conocimiento no es el resultado de un conjunto, de un esquema sucesivo de nociones. Aquí el autor claramente se identifica con las teorías socio-constructivistas del aprendizaje que nos hablan del estudiante como un activo constructor de saberes y conocimientos, pero a su vez le asigna responsabilidades al docente, a la institución educativa y al entorno social en general. Es decir, el acto de formación educativa, como premisa de cambio, es responsabilidad de todos los actores que participan en él.

Sin pretender abarcar todas las instancias que directa o indirectamente participan en el diseño y realización de un proyecto de aula, hemos creído necesario profundizar el tema del aula cuyo análisis puede ser útil para entender los verdaderos alcances de una modalidad que surge como un eslabón fundamental de una larga cadena que une el aula con la realidad social. Lo que algunos denominan el espacio natural del proceso de enseñanza y aprendizaje, no es otra cosa que un pequeño microcosmos donde se reproducen las coordenadas sociales de la realidad externa. De ahí la importancia que posee como punto de partida y de llegada de la actividad escolar. De igual manera, hemos hecho énfasis en los instrumentos de la investigación porque creemos que el proyecto de aula es, ante todo, una propuesta investigativa que puede redundar en enormes beneficios para el desarrollo de la capacidad de búsqueda y de indagación del estudiante, de su autonomía y de su libertad personal, de su creatividad y de su actitud innovadora.

El autor

Capítulo 1.

¿Qué es el aula?

Tradicionalmente el "aula" o salón de clase es aquel entorno físico-humano donde se desarrolla la enseñanza institucionalizada y donde realizan sus actividades los dos actores principales del proceso de enseñanza y aprendizaje, el educador y el educando. Algunos autores se refieren al aula como el pequeño "microcosmos" en torno al cual se desarrollan diversos tipos de interacciones entre el profesor y los alumnos. Esta, no sólo es el escenario físico donde se efectúa el trabajo pedagógico de la escuela, sino fundamentalmente es un ámbito socioafectivo donde se produce el encuentro y la interacción entre los dos protagonistas del proceso educativo. Aquí el término "aula" tiene un significado más formal que real porque en la práctica dejó de ser un espacio físico, reducido a las "cuatro paredes", para convertirse en un campo potencial, virtual o simbólico de la actividad educativa. En la actualidad, cualquier lugar, ámbito o espacio puede convertirse en un aula educativa.

Durante muchos años el trabajo en el aula, enclaustrado y limitado a un espacio determinado, y marginado de la realidad externa, pasó a tipificar una educación tradicional que despectivamente se le motejó de "escuela bancaria", porque, además de su inmovilismo, el "banco" simbolizaba un tipo de educación marginada de la realidad y una pedagogía centrada en el aprendizaje memorístico. Fue por mucho tiempo aquel recinto sagrado donde se desarrolló un ritual pedagógico en el cual los roles estaban previamente distribuidos y delimitados, el maestro enseñaba y el alumno aprendía, y donde las relaciones entre ambos eran de tipo tutelar, paternalista o autoritaria, que a la postre reproducían un tipo de relaciones dominantes ya tradicionales entre niño y adulto. Pero la diferencia entre una escuela tradicional y una no tradicional no sólo va a estribar en estos aspectos, sino principalmente en los niveles de interacción que existían entre profesor y alumno. En el primer caso las relaciones se daban en términos lineales, autocráticos y muchas veces inquisitorios, en cambio, en las segundas son más abiertas, democráticas, dinámicas y flexibles. Este tipo de relaciones se van a reflejar en los programas y en los procedimientos pedagógicos vigentes, y daría nacimiento a escuelas, sistemas y métodos de trabajo que en la actualidad hacen parte de la historia de las ideas y métodos pedagógicos.

A juicio de autores como M. Fuentes (1993), independientemente de la importancia que le hemos asignado al contexto institucional y particularmente al social, cualquiera sea la modalidad que se adopte, el aula sigue siendo el núcleo alrededor del cual giran la mayoría de las actividades educativas y en torno al cual se construye el "producto" institucional. El eje sobre el cual se entreteje ese producto educativo, no debe ser concebido sólo como un simple espacio, ni únicamente como ambiente o contexto social, sino como un grupo sociopsicopedagógico. Cuando se habla de las relaciones entre el individuo y la sociedad se hace referencia a que el sujeto está inserto en diferentes micro o macroagrupaciones las que de alguna manera se distribuyen en grupos y hacen parte de un todo, y en las cuales se expresan las necesidades del individuo como ser social. Es decir, el grupo se va delineando como un proceso más amplio que la mera reunión de individuos, se convierte en un espacio imaginario y real donde se van transformando paulatinamente las relaciones y los vínculos de las personas. Este nuevo producto o estructura imaginaria genera sus propias leyes de organización y determina el funcionamiento grupal, ajeno a la voluntad de sus miembros vistos como individualidades atomizadas.

Anzieu y Martín afirman que no hay que confundir los grupos con lo grupal, y que es diferente percibir el trabajo "en el grupo" de otro que lo plantea "desde el grupo", lo cual quizás nos puede ayudar a comprender mejor el verdadero significado de lo social, lo grupal y lo individual en el contexto del aula. Ello nos enseña que en el proceso de construcción de lo grupal podemos percibir dos niveles de apropiación:

- Uno de tipo subjetivo-individual que se da en el momento en que la actividad se convierte, para el alumno, en una tarea específica, que tiene un significado personal y hace parte de su proyecto individual.

- Otro de tipo subjetivo-grupal que se da como consecuencia de la construcción de una meta compartida con la cual podemos identificarnos o no, pero que debemos aceptar como un imperativo grupal que determina lo que debemos hacer o no hacer. Lo ajeno se vuelve propio y la individualidad se comienza a socializar.

El aula como grupo sociopsicológico no nace por generación espontánea, sino que debe ser construido paciente y sistemáticamente. Muchos maestros durante toda su vida pedagógica nunca lograron constituir un grupo sociopsicológico, sino que siempre trabajaron con una suma de individualidades. De ahí que muchas de las actividades de grupo estuvieron lejos de alcanzar los resultados y los efectos esperados. Para Anzieu y Martín este tipo de maestros en vez de ayudar a evitar los conflictos se dedicaron a buscar fórmulas para solucionarlos. De la misma manera estuvieron más interesados en intervenir que en evitar los problemas y desavenencias que se presentan en el grupo, cuando el camino correcto habría sido estimular la comunicación interpersonal y desarrollar la cohesión del grupo en su conjunto.

Es curioso, pero a pesar de haber girado durante muchos siglos el trabajo de la escuela en torno a las actividades que se desarrollan alrededor del aula, muy pocos estudios e investigaciones se han realizado sobre el tema. Sólo durante estas últimas décadas en el marco de los postulados de la escuela activa comenzó a existir interés por analizar el tema desde un referente diferente al de la escuela tradicional donde el aula era el altar sacrosanto de la enseñanza y del aprendizaje. Todos sabemos que la escuela activa aspiraba a articular la teoría con la práctica, la realidad interna de la escuela con la realidad cotidiana, la escuela con la vida, de ahí que se haya comenzado a replantear el trabajo del aula, buscando siempre que en esta se reflejaran los momentos más significativos de la vida social e individual del niño. Se comenzó a hablar de "aula abierta" o "aula sin muros", conceptos que buscaban expresar un rompimiento con el carácter cerrado y hermético de un recinto que vivía su propia realidad y, que la mayoría de las veces no coincidía con la realidad social del educando.

Los conflictos derivados de las concepciones aula abierta/cerrada han sido una preocupación permanente de pedagogos contemporáneos como Montessori, Dewey, Kilpatrick, Decroly, Freinet, Kerschensteiner, Eliade, y otros quienes eran partidarios de acercar el aula a la vida y sustraer la escuela de sus cuatro paredes, convirtiéndola en una extensión de la realidad cotidiana. Pero, si bien en diversas propuestas pedagógicas los autores nos hablan de la necesidad de instaurar una escuela abierta a todos los módulos sociales, políticos, culturales o económicos y crear un microsistema (aula) inscrito en un macrosistema inmediato (comunidad), en general, no existió interés por profundizar acerca de la naturaleza, componentes y estructura del aula como realidad física, social,

16

ecológica y pedagógica. Como veremos, el desarrollo de los proyectos de aula posibilitó estudiar más a fondo el tema y todos los procesos de interacción que se desarrollan al interior de esta. La etnografía, particularmente la microetnografía, convirtió el aula en objeto de sus estudios y las historias de vida van a reconstruir minuciosamente todas las actividades que se realizan en ella. Los espacios y distribución de las aulas van a transformarse en la medida de las exigencias propias de las nuevas estrategias pedagógicas y del tipo de dinámica de grupos, que se utilicen en cada caso. Va a ser diferente un aula utilizada para una clase magistral, de otra utilizada para una mesa redonda, un foro, un seminario, un coloquio o un panel.

El tema empezó a tener vigencia en la década del 50 cuando comienzan a desarrollarse masivamente los programas propios de la educación abierta y a distancia, donde el término aula se aleja de una supuesta presenciabilidad física y se comienza a hablar de "aula abierta" donde no existe un contacto directo entre educador y educando, donde el trabajo pedagógico no se realiza en un espacio temporo-espacial predeterminado sino en un espacio abierto e ilimitado. En el aprendizaje abierto, independientemente de la distancia o si existe el aula, la toma de decisiones sobre el aprendizaje comienza a ser compartida con los estudiantes. Estas decisiones van a afectar todos los aspectos del aprendizaje, qué aprendo (selección de contenidos o destrezas), cómo lo hago (métodos, medios, itinerario), a quién recurro para solicitar ayuda (tutor, amigos, colegas, profesores, etc.), cómo valorar el aprendizaje (evaluación, feedback, etc.).

El desarrollo inusitado de los medios tecnológicos y electrónicos, especialmente los propios de la tecnología de la comunicación, la informática y la telemática comienzan a ser percibidos como extensiones y amplificaciones de nuestras facultades, de ahí surge la necesidad de preparar técnica y mentalmente tanto al docente como al estudiante para responder a estos nuevos retos tecnológicos. Sin necesidad de caer en las radicales y afiebradas posiciones de algunos autores que proclaman la muerte del aula, creemos que este desarrollo tecnológico enriqueció notoriamente el escenario pedagógico donde despliegan todas sus capacidades sociales, cognoscitivas y afectivas, la enseñanza y el aprendizaje.

Según Gustavo Cirigliano, en estas últimas aulas se comenzaron a cuestionar y a replantear los significados relacionados con la denominada "teoría física de la comunicación", que a la postre era el modelo más difundido y aceptado por todos. Sus postulados básicos provenían del campo físico que consideraba el mensaje como una cosa, un objeto, o sea, como algo físico que se trasladaba de un sitio a otro. Se hablaba de emisor, receptor, mensaje, canal y codificador-decodificador, teoría que se contradecía con el carácter socializante y comunitario del proceso de comunicación, es decir, una comunidad de intereses que no se podía reducir a una simple transmisión de datos o determinada información. Surgen conceptos como interacción, feedback, mutualidad y tantos otros aspectos que legitiman las palabras de John Dewey quien afirmaba que la comunicación era "hacer común algo". Como contrapartida, surge la teoría "participativa" de la comunicación, que se niega a aceptar que esta se puede reducir sólo al tránsito de un mensaje de un sujeto a otro, en cambio, proclama que el mensaje no existe antes ni es previo, sino que lo común se hace entre dos y es tal en la medida en que es construido por ambos. En la enseñanza, el proceso de comunicación lo hacen entre ambos sujetos, el educador y el educando, los dos son partícipes en la realización del acto educativo.

Como resultado del inusitado desarrollo de los medios tecnológicos y de su incorporación en la educación, surge un concepto que con los años se convertiría en el gran "boom" del siglo XX: el surgimiento y posterior crecimiento de lo "virtual" y como derivación de este, el *aula virtual*. Hoy en día es un lugar común del lenguaje del joven actual todo lo que se relaciona con una supuesta virtualidad que hace parte de ese espejismo tecnológico que ha invadido todos los espacios sociales y culturales: realidad virtual, mundo virtual, lenguaje virtual, pedagogía virtual, aula virtual. Pero, a pesar que el término hace parte del léxico cotidiano del hombre moderno, no existe mucha claridad sobre una palabra que rebasó aquella supuesta potencialidad con la cual se asociaba comúnmente y pasó a significar un acto de simulación o de representación, naturalmente vinculado con los medios electrónicos los cuales son capaces de simular y representar la realidad pero que al igual que un esquizofrénico, su acto puede conducirnos hacia una confusión entre ficción y realidad. Para A. Gauthier (1992), la virtualidad cobra su significado en un espacio entre lo real y lo ficticio y es un poder, aún no suficientemente evaluado. Para el autor francés lo virtual es el ámbito de la ficción, de lo irreal y lo falso que parece verdadero.

El término *realidad virtual* es reciente y aunque sus orígenes modernos los podemos encontrar en algunas novelas de ciencia-ficción, este se pone de moda en la década de los 80 cuando fue acuñado por Jaron Lanier quien lo usó para distinguir entre las simulaciones tradicionales creadas por computadoras y el tipo de mundos que él estaba creando. Desde esa época se comenzó a hablar de dos realidades virtuales: la inmersiva y la no inmersiva. Los *métodos inmersivos de realidad virtual,* con frecuencia se ligan a un ambiente tridimensional creado por computadora, el cual se manipula a través de cascos, guantes u otros dispositivos que capturan la posición y rotación de diferentes partes del cuerpo humano. *La realidad virtual no inmersiva* utiliza medios como el que actualmente nos ofrece Internet, en el cual podemos interactuar en tiempo real con diferentes personas, en espacios y ambientes que en realidad no existen y sin el apoyo de dispositivos adicionales a la computadora. Otros autores simplemente se refieren a la realidad virtual como una realidad creada por medios electrónicos.

Pero si bien el tema de la virtualidad es tentador y podría ser abordado desde posiciones muy diferentes, sólo nos interesa referirnos a una modalidad que también ha cobrado gran importancia en la actualidad pero que se ha prestado a muchas confusiones, no exenta de ciertas manipulaciones. Nos referimos al *aula virtual*, un concepto que surge y se desarrolla en un contexto dominado por el ordenador, los medios audiovisuales y toda la gama de variantes de la informática. Inicialmente se le vinculó a la educación abierta y a distancia, pero con los años ha ido adquiriendo formas propias. Hoy día, el *aula virtual* es un espacio donde el estudiante tiene la oportunidad de acercarse al mundo de la realidad sin necesidad de estar en ella, o sea, por medio de una representación o de elementos mediadores que la representan. En principio se la relacionó con la enseñanza no presencial, donde es posible aprender por uno mismo y, donde la información está a su disposición cuando crea oportuno.

¿Qué ventajas y desventajas tiene el *aula virtual*? Se confunden muchas veces con las propias de la educación abierta y a distancia. Entre ellas podríamos destacar las siguientes:

- El usuario establece su propio horario y lugar para las actividades educativas, adaptándolo a sus necesidades e intereses.

- No precisa de desplazamientos por parte del profesor o del estudiante para acceder a la educación. El aula puede estar en su casa, lugar de trabajo o cualquier sitio que determine el estudiante.

- El sujeto puede ser autodidacta a través del autoestudio, lo cual permite desarrollar su independencia y autonomía ante el saber y el aprendizaje.

- Desaparece la masificación porque, si se desea, el acto educación se puede convertir en un proceso de formación personalizada.

- El profesor siempre está disponible a través de las herramientas mediadoras que lo reemplazan físicamente (medios de comunicación, audiovisuales, telemáticos, etc.).

- Su formación es integral, porque además del lenguaje verbal y escrito, dispone de lo audiovisual, lo sonoro y su conexión con los principales medios de comunicación, lo cual le permite el acceso a información más allá de su realidad inmediata (internet, fax, e-mail, teleconferencia, etc.).

Pero, para los especialistas, sus desventajas son también numerosas:

- Si bien en el aula tradicional o en la enseñanza presencial es complicado motivar a los estudiantes, en el *aula virtual*, a pesar del atractivo de lo audiovisual, se requiere cierta madurez para resolver por sí mismos los problemas propios del aprendizaje.

- El tipo de relaciones y los vínculos sociales se reducen, con lo cual el proceso de socialización pierde su importancia como factor de formación.

- La atracción por las técnicas audiovisuales es positiva mientras no se convierta en motivo de alienación. En este caso, se fetichizan los medios y, los contenidos pierden relevancia.

Si bien el aula tradicional se considera inadecuada para las exigencias de la sociedad moderna, tampoco su eliminación y su reemplazo por un aula virtual parece ser la solución definitiva. A juicio de los especialistas, las desventajas de una pueden constituirse en las ventajas de la otra y viceversa. Por eso, la tendencia actual es propender a la coexistencia de las dos modalidades.

En la década del 90 se popularizaron en los círculos educativos las denominadas *aulas inteligentes*, un término acuñado por la institución educativa SEK el cual con una clara visión proyectiva y futurista pretendía dar respuesta a las necesidades de formación del hombre del siglo XXI, favoreciendo la integración de los saberes, reforzando la motivación de los estudiantes, potenciando la capacidad de comunicación oral y escrita, estimulando la búsqueda y la investigación en diversas fuentes de información. Naturalmente estas *aulas inteligentes* se apoyan en el trabajo pedagógico mediado por el ordenador y la tecnología telemática, la multimedia, los medios audiovisuales de uso individual, el CD-Rom, etc. Un *aula inteligente* es un amplio espacio capaz de dar cabida a numerosos grupos de alumnos y profesores de un nivel o curso escolar completo. Es un espacio concebido "inteligentemente", y técnicamente dispuesto para ser el escenario de una educación en la cual los alumnos son los actores que protagonizan las acciones de aprendizaje y los profesores son los directores de escena que mueven, como entre bastidores, los hilos de la representación. Los alumnos aprenden porque ellos mismos y con la ayuda de la tecnología, salen a buscar los saberes que les respondan los interrogantes cognoscitivos, sociales o afectivos que se plantean. Los estudiantes aprenden los contenidos y construyen el significado al emplear estrategias genéricas de pensamiento (planifican, evalúan, resuelven problemas, construyen o critican, plantean argumentos, redactan ensayos, etc.). Aunque todo se discute en grupo, inicialmente la adquisición de saberes se hace mediante la realización de un proyecto personal de trabajo, donde el estudiante decide qué hacer, cómo hacerlo, dónde hacerlo y para qué hacerlo. La fase posterior es la de síntesis, la comprobación y las puntualizaciones o clarificaciones que sean necesarias, las cuales se realizan en una gran puesta en común.

Es una combinación alternativa de la iniciativa personal y grupal, donde cada alumno tiene la oportunidad de elegir el tutor que lo orientará en sus trabajos. A juicio de T. F. Fennimore y M. B. Tinsmann, dos especialistas en el tema, un *aula inteligente* es aquella que desarrolla estudiantes que pueden manejar de manera fluida un conjunto organizado de conocimientos que les permita ser capaces de analizar el mundo que los rodea, resolver problemas y tomar decisiones. Son estudiantes "capaces de pensar", conscientes no sólo del ángulo a través del cual analizan el mundo que los rodea sino, también, capaces de identificar y evaluar las limitaciones de su conocimiento.

Cualquier intento por adelantar un proyecto de aula o algún tipo de actividad al interior de ésta va a exigir necesariamente un conocimiento a fondo de todos los fenómenos y procesos que participan porque, al final, el conocimiento y el manejo de los contenidos y elementos básicos del aula son aspectos claves para entender cualquier acción que se realice en tal sentido. Autores como Cazden, Coll y otros destacan cinco fenómenos que a su juicio son los más característicos dentro de un aula:

- El entorno físico y espacial en el aula.
- El clima y el ámbito socioemocional.
- Los procesos de interacción.
- Las subculturas propias del aula y la escuela.
- Los procesos de enseñanza y aprendizaje.

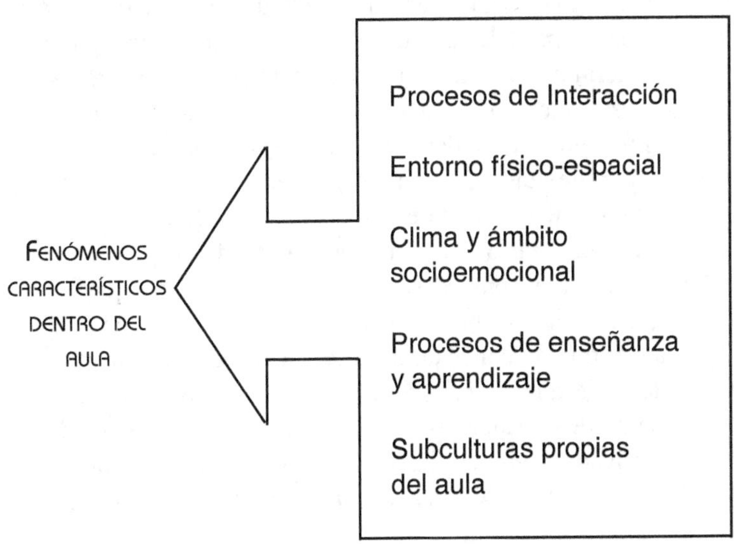

El entorno físico-espacial

Cada aula en su perspectiva físico-contextual se estructura como un espacio limitado y concreto, caracterizado por la existencia de un ámbito habitado por los alumnos, con una amplitud y un hacinamiento determinado por la distribución de un mobiliario que puede variar según la relación espacio-alumno que exista y por las actividades que realiza. El espacio físico del aula no sólo es ocupado por los sujetos que en él actúan, sino por el conjunto de objetos que permanente u ocasionalmente hacen parte de este espacio. En el aula común nos encontramos con un conjunto de elementos que conforman un cuadro ya convencional:

- Pupitres (sillas y mesas).
- Mesa y silla del profesor.
- Estantes o armarios.
- Tablero.
- Material didáctico.
- Objetos decorativos.

Pero un aula no es sólo un conjunto de muebles, sino que de ésta también hacen parte las paredes, techos, ventanas y una ambientación general que va a determinar visualmente su espacio físico. Y, todos estos elementos están dispuestos de una forma diferente y configuran un entorno determinado que va a condicionar la vida y el comportamiento de los sujetos que en ella actúan. Los diversos estudios realizados sobre el tema nos muestran la incidencia que tiene el escenario físico en la actuación de las personas y la influencia que tiene en el desarrollo de las actividades que se realizan. Quienes han estudiado los diversos estilos y modalidades de aula han podido constatar las diferencias que existen entre las aulas de un jardín infantil, de una escuela primaria, de un establecimiento de educación secundaria, de una universidad, de un colegio privado o público. Las características físicas, económicas, sociales o educativas le van a imprimir un sello propio a cada una de estas aulas que en apariencia se nos presentan como parecidas y formadas por los mismos elementos, pero no hay duda que en cada caso existe una atmósfera y ambiente que la hace diferente a las demás y perfectamente reconocible.

Montagner y Crahay demostraron el grado de incidencia que tiene en el trabajo pedagógico el tipo de mobiliario que se utiliza. Sillas y mesas incómodas, no funcionales, tableros inadecuados, la iluminación deficiente, elevado nivel de ruidos, temperaturas demasiado altas o bajas, falta de ventilación y otros, son aspectos que influyen en el desarrollo de las actividades cotidianas de una clase. Los autores pudieron comprobar las diferencias existentes en el rendimiento escolar de alumnos asistentes a aulas que reunían las condiciones físicas y ambientales adecuadas para el trabajo escolar, de otros que lo hacían a aquellas que estaban muy lejos de serlo. El aula es el lugar de vida y de trabajo del estudiante durante un tiempo determinado y, es el lugar fuera de la casa, donde permanece más tiempo.

Donde se percibe más claramente la importancia del mobiliario es en el jardín infantil, una modalidad educativa que desde sus inicios se planteó como una necesidad básica el utilizar un mobiliario funcionalmente adecuado a la edad de los niños, a su estatura, a sus posibilidades, coordinación corporal y fuerza física. También en este entorno tienen importancia especial la decoración y ambientación del aula, las cuales necesariamente deberán constituirse en un factor de estímulo y de motivación visual permanente para el niño preescolar (color de las paredes, dibujos, decoraciones, etc.). El trabajo pedagógico del maestro o maestra es fundamental, pero también las condiciones materiales y físicas donde se desarrolla.

Para Bronfenbrenner (1986), la decoración del aula, el aprovechamiento de las paredes —si es un entorno cerrado—, pone de manifiesto la sensibilidad y preferencia de sus miembros salvo cuando el aula deja de tener sentido y significación interexistencial para convertirse en un escenario multifuncional, impersonal y empleado por diversos grupos. En estos casos se hace difícil lograr que cada grupo dé su propia impronta a la clase y cree un microsistema que interactúe con los mesosistemas, exosistemas y macrosistemas envolventes.

Según Mark Knapp existe una estrecha interrelación entre el entorno y la personalidad, a tal grado que muchos comportamientos cambian y se transforman según el medio o el lugar donde actúan o se desenvuelven. Las conductas que él denomina las *percepciones del entorno* hacen parte de todo un conjunto de efectos (privacidad, formalidad, calidez, familiaridad, compulsión o distancia) producida por un entorno que puede tener significados muy diferentes para cada persona. Muchas veces las interrelaciones que se dan entre docentes y alumnos no son diferentes a las que usualmente siente y percibe la gente común cuando va en autobús, camina por un parque, entra a un almacén o a un cine. En algunas aulas percibimos un grado de formalidad que nos obliga a comportarnos en forma ceremoniosa o estereotipada.

Otras veces quizás debido al color de las paredes, de los muebles o en algunos casos al tono de voz del maestro, percibimos un clima de "calidez" en el ambiente. La "familiaridad" del entorno puede ser el resultado de la ausencia de formalismo en el ambiente o de un tipo de relaciones más sencillas y naturales. Todos estos ejemplos son ilustrativos de los resultados que un entorno es capaz de producir y de los diversos efectos y reacciones que produce entre las personas.

Para Medina Rivilla

> *cada aula es un espacio físico que deja de tener indiferencia para sus habitantes hasta convertirse en un entorno simbólico-representacional para sus habitantes al que se concede una interpretación y sentido existencial, relacional y concreto. El aula es*

un entorno asumido e incorporado por sus agentes al modo personal de sentir y percibir el mundo. La capacidad de dominio del entorno y del medio físico depende de la personalidad e inteligencia de los sujetos, como lo ha demostrado Piaget en numerosas obras en las que analiza el proceso de homeostasis al que cada sujeto se ve impelido. Según él es la fuerza del sujeto para dominar las condicionantes y así se va potenciando su inteligencia, como su capacidad de adaptación y superación del medio. El sujeto aprende por un proceso de asimilación del medio y de acomodación a él, interiorizando el esfuerzo de síntesis que entre ambas funciones se establece en la actividad permanente que desarrolla cada sujeto[1].

Estudios realizados en Colombia por Aracelli de Tezanos y por Nash, Weintain, Sommer y Cazden en Estados Unidos nos muestran cómo la disposición general del mobiliario en el aula (mesas y sillas), decoración y material didáctico, nos ayudan a identificar el estilo de enseñanza y de comunicación del profesor. Por ejemplo la alineación horizontal de los pupitres impide a los alumnos interactuar cara a cara, lo contrario sucede con las clases organizadas en forma de círculo (O), y con los equipos de trabajo que buscan organizar el espacio de acuerdo a las exigencias de cada dinámica de grupo. Si predomina el trabajo autónomo, cada alumno deberá permanecer en su pupitre, en cambio, si el trabajo es en equipo se agruparán las mesas de acuerdo a la cantidad de integrantes del grupo. La denominada "técnica de los rincones" en preescolar y en básica primaria exige que los espacios del aula se organicen de manera orgánica y funcional porque la calidad de éstos afecta la conducta de los seres humanos y especialmente la

---

1   MEDINA RIVILLA, Antonio. *Didáctica e interacción en el aula.* Bogotá: Cincel Kapelusz, 1980.

de los niños. No es extraño entonces que los especialistas en dinámica de grupos pequeños y grandes recomienden en cada caso, no sólo condiciones mínimas de espacio para las actividades, sino una organización y distribución básica del grupo, de lo contrario puede perder sentido la técnica que se aplique.

Mark Knapp afirma que la mayoría de las aulas en Estados Unidos son rectangulares, con sillas colocadas en líneas rectas. Tienen amplias ventanas que dejan pasar la luz entre los hombros de los estudiantes. Este emplazamiento de las ventanas determina la dirección en que los estudiantes han de mirar y por tanto el "frente" de la clase. Por otra parte la mayoría de los asientos están fijos en el piso —para facilitar la limpieza y el aseo—, situación que impide moverlos o trasladarlos a otro sitio. Las críticas se centran en la debilidad de la iluminación lo cual dificulta la lectura de la letra pequeña, la pobreza de la acústica que impide la audición del profesor en determinados lugares del aula, la falta de regularidad de la temperatura que puede ser alta o baja según la estación del año, en los ruidos externos que se constituyen en factor de distracción, los colores crepusculares distractores o productores de tedio, etc. Todos estos, factores que, a juicio del autor, son determinantes en el rendimiento del estudiante y afectan el comportamiento de éste.

En otro estudio realizado por R. Sommer sobre la dinámica de los grupos pequeños, en aulas con asientos en línea recta, el autor pudo comprobar que:

- Los estudiantes que estaban dentro del campo visual del instructor participaban más.

- Se tendía a una mayor participación en las secciones centrales de cada línea y a una participación decreciente desde el frente hacia el fondo.

Sin embargo, esa tendencia no era muy clara cuando los estudiantes interesados se sentaban en sitios diferentes y tenían el máximo contacto visual con el instructor. La participación decrecía a medida que aumentaba el tamaño del aula.

El clima y el ámbito socioemocional

El ambiente que reina y predomina en un aula es clave para el desarrollo de las actividades y el tipo de interacción que se realice. Flanders afirma que la palabra "clima" se identifica con el conjunto de cualidades que predominan consistentemente en la mayoría de los contactos entre profesor y alumno y entre éstos, en presencia y ausencia del profesor. Otros autores hablan del "clima de la clase" para referirse a la disposición o estado de ánimo que predomina en un salón de clases como consecuencia de las relaciones interpersonales existentes entre estudiantes y docentes. El clima de la clase como producto de la interacción de los elementos que la componen, afecta el rendimiento de los alumnos y hace que cada clase pueda ser en algunos casos, más o menos gratificante. Moos señala un conjunto de dimensiones que, a su juicio, configuran un ambiente o un clima en el aula:

- El escenario físico (la clase y sus formas).
- Los factores organizativos (profesor-alumno).
- La clase como grupo social y humano.
- Clima social, resultado del estilo de vida del aula.

Anderson nos habla también de las dimensiones culturales como síntesis del sistema de creencias, valores, estructuras afectivo-cognoscitivas y modos de interpretar la realidad y el sistema social como resultado de las relaciones establecidas entre sus miembros.

Moos y Solomon-Kendall realizaron investigaciones destinadas a clasificar las clases, de acuerdo al clima dominante en ellas. Distingue los siguientes tipos de clases:

- Clases dirigidas a la innovación y donde profesor y alumnos desarrollan relaciones interactivas.

- Clases donde su actividad central es estimular y desarrollar la interacción y participación de los alumnos.

- Clases que tienen por propósito principal el desarrollo eficaz de la tarea, o sea buscan resultados. Los otros aspectos están en función de estos objetivos.

- Clases fomentadoras de la competición en forma estructurada, pero aceptada con comprensión.

- Clases dirigidas a la competición inestructurada, con pretensiones académicas y buscando establecer una adecuada relación entre profesor y alumnos.

- Clases preocupadas por el control del profesor, careciendo de relevancia la preocupación por la tarea.

Los procesos de interacción

El comportamiento humano transcurre en medio de un marco social o interpersonal donde estamos en constante interacción con otras personas desde la infancia hasta la vejez y, en general, la vida humana resulta difícil de concebir fuera del marco de estas relaciones sociales. A través de ellas las personas van modelando su particular modo de ser y de comportarse, sus creencias, actitudes y, en definitiva, su propio Yo. Lo que somos es el resultado de esta interacción.

Los psicólogos sociales permanentemente nos están recordando que pasamos la vida en constante interacción con otros individuos, ocupando nuestros pensamientos con ellos, tratando de agradarlos o comprenderlos o, procurando anticipar sus conductas hacia nosotros. Los pensamientos, sentimientos y conductas de las personas son influidas por otros, realizándose esta a través de interacciones cara a cara en las cuales dos personas se apoyan o influyen mutuamente o en forma indirecta a través de segundas o terceras personas, por ejemplo, a través de los medios de comunicación. Como veremos, este proceso de interacción va a tener una importancia fundamental en la actividad educativa donde el maestro y el alumno hacen parte de este circuito de la interacción.

A pesar del uso relativamente nuevo del término "interacción", en la actualidad pertenece al repertorio lingüístico de numerosas disciplinas y campos de trabajo. Quizás debido a lo comúnmente denominado "comunicación" se ha ido convirtiendo, en la práctica, en un simple intercambio de información o "imposición de formas", lejos de esa comunidad de intereses que debería existir entre las personas que emiten y receptan un mensaje, la interacción busca interpretar el verdadero sentido de esa comunidad que se asignó inicialmente a la comunicación. En estas últimas décadas se comenzó a hablar de la interacción humana o de los distintos niveles de relaciones interpersonales o grupales que existen entre las personas, tema que ha sido detenidamente estudiado por la Psicología Social y que en la actualidad hace parte de los métodos y estrategias pedagógicas del trabajo del aula.

Tradicionalmente la interacción es considerada como la acción de influencia y reciprocidad que se establece entre dos o más sujetos en un determinado entorno. También se define como la relación recíproca, verbal o no, temporal y repetida según una cierta frecuencia, por la cual el comportamiento de uno de los interlocutores tiene influencia sobre el otro (Postic, 1978). Es igualmente sinónimo de relación dinámica, interrelación o acción mutua. En la interacción, la enseñanza es un proceso comunicativo-formativo caracterizado por la bidireccionalidad y reciprocidad de los agentes participantes en ella. Los autores difieren con relación al tipo de protagonismo que les corresponde asumir, tanto a los docentes como a los alumnos, pero, en general, se acepta que esta participación debe ser compartida, de lo contrario, las decisiones descansarían prioritariamente sobre el profesor o, en su defecto, la interacción tendría como protagonista al alumno, reduciéndose así la responsabilidad del profesor. Esto sería lo más cercano al "interactuar", donde se establece una acción compartida, flexible y dinámica, donde según las circunstancias y los propósitos del trabajo pedagógico, se desplaza indistintamente a uno u otro actor.

D. Nunan afirma que la interacción tiene su propia lógica, la cual depende del principio de cooperación entre dos interlocutores. Aunque algunas veces este principio se rompe en la práctica, de todas maneras dependemos de él para darle sentido a nuestras interacciones. Dentro de la vida social, la forma de interacción más común e importante es la conversación, la cual es considerada como el vehículo básico para el desarrollo cultural y social de la persona. Desgraciadamente este tipo de interacción no es muy común en el aula, por lo menos en los términos como se da en una conversación cotidiana. La mayoría de veces el estudiante participa porque el profesor lo inquiere o le pregunta, o sea, no es frecuente que participe espontáneamente y por propia iniciativa. Este debe esperar su turno para hablar, porque lo contrario sería vulnerar las reglas de comportamiento y disciplina, ya que "sólo una persona puede hablar a la vez y los demás deben esperar turno".

Cazden, Titone y otros autores nos hablan de varias conductas típicas que caracterizan los procesos de interacción las cuales, en la mayoría de los casos, se reflejan y se confunden. Serían las siguientes:

- Participación oral del profesor.
- Estímulo a las iniciativas personales.
- Trabajo personal dirigido.
- Participación oral del alumno bajo la dirección del profesor.
- Diversos tipos de trabajo.

En el caso de la participación oral del profesor, la acción no sólo se reduce al trabajo de éste sino engloba una concepción de la comunicación como un hecho compartido (no olvidemos que todo se produce al interior de un proceso de interacción) que se puede dar en los dos casos, tanto en la participación oral del profesor como del alumno.

Cazden en su trabajo sobre la "classroom discourse" nos ofrece un riguroso análisis del discurso en el aula, el tipo de explicaciones que usualmente se utilizan en las clases, los recursos didácticos que se usan, el diálogo con la clase y otros. En la práctica, esta interacción gira en torno a dos conceptos básicos, participación y comunicación. No puede existir interacción si no existe una predisposición hacia la comunicación y participación. Es decir, en el proceso educativo debe existir una participación activa de docentes y estudiantes en todos los niveles, espacios y actividades que se desarrollan en el aula. Y ello implica necesariamente compartir directa e indirectamente todas las instancias del hacer y del deber ser. Por ejemplo:

- Definir y redefinir los problemas según los intereses y necesidades de los estudiantes, docentes, institución y comunidad educativa.

- Descubrir las necesidades o efectuar su diagnóstico con el propósito de evitar cualquier discriminación o arbitrariedad.

- Fijar objetivos, metas y logros compartidos, que a su vez respondan a los propósitos del grupo y de los programas vigentes.

- Conocer los criterios y estrategias propios de las tareas de ejecución del proceso de enseñanza-aprendizaje.

- Compartir la información disponible.

- Reflexión y discusión democrática de los problemas y necesidades inherentes al trabajo del aula.

- Construir normas, deberes y derechos que hagan posible una mayor convivencia entre los actores del proceso educativo que se desarrolla en el aula.

Para evitar que la participación se convierta en un "laissez-faire-laissez-passer" (dejar hacer, dejar pasar) o simplemente en un acto puramente simbólico, es importante definir los niveles de participación, los cuales necesariamente habrá que relacionar con:

- Las competencias específicas de las personas que participan.

- Los roles y niveles personales, pedagógicos o académicos al interior del aula (antecedentes, experiencias, calificaciones, competencias, etc.).

- El tipo de tareas en que se encuentran involucrados.

- El tipo de decisiones en las que no se participa, ni está en condiciones de participar.

Cualquiera sea el nivel o grado de participación no se deben olvidar los roles específicos que tienen tanto los estudiantes como los maestros y no cometer el error de pretender invertir estos roles olvidando quién es quién en este proceso. De ahí la importancia de definir estos roles antes de hacer efectiva esta participación.

No ajenos a estos niveles de participación, hay que determinar el "cómo" debería ser esta participación. Para que ella sea plena debe ser activa, eficiente, deliberada, decisiva y organizada. El hacer y el obrar, para lograr un fin educativo, son una condición "sine qua non" de cualquier participación. *Deliberar* es debatir y discutir las cosas que se hacen con intención o con un propósito definido. Y esta participación no se debe dar en un contexto anárquico y de improvisación, sino que debe ser organizada en donde se definen los temas, los procedimientos, los propósitos y las reglas de juego del trabajo que se realizará. Muchas veces para producir el efecto deseado, nuestras acciones deben ser *eficientes*. De igual manera, esta participación debe producirse en aspectos vitales y debe evitarse toda duda, ambigüedad e incertidumbre en este proceso, es decir, debe ser *decisiva*.

Pero, esta participación no es tan mecánica ya que detrás de ella hay todo un conjunto de elementos motivacionales y estímulos que hacen que sea una participación más libre y espontánea, entre ellos: actividades creativas libres, trabajos individuales, experimentaciones, búsquedas y otros. Estas, aparentemente, se opondrían a un tipo de trabajo dirigido por el profesor y previamente programado, pero no es así según Cazden, porque para éste responderían a una de las tantas variantes y formas alternativas de trabajo en el aula que requieren combinar técnicas y métodos diferentes, desde actividades inducidas que impliquen un trabajo de razonamiento, resolución de problemas y una labor conjunta entre profesores-alumnos, hasta formas de trabajo más libres y espontáneas.

En este proceso de inducción, la participación del alumno bajo la dirección del profesor es importante, porque ella puede permitir un trabajo con pequeños grupos, diálogos, discusiones, debates, etc., que son muy importantes para enriquecer esta labor conjunta. A juicio de diversos autores, esta dirección del profesor es importante para evitar que el trabajo se desvíe o tome un curso alejado de los propósitos acordados o analizados previamente.

El proceso de comunicación tiene mucho que ver con el de la participación, ya que uno no es posible sin el otro. En la escuela tradicional, las relaciones entre el profesor y los alumnos se dan en términos puramente informacionales o sea la transmisión uni-direccional y unilateral de un conjunto de datos e información.

Como ya lo señalamos anteriormente, para que esta relación se convierta en auténtica interacción, el proceso de comunicación debe transformarse en una comunidad de intereses, o sea, debe ser una experiencia compartida del emisor y receptor de un mensaje y no transformarse en una "imposición de formas". En su rol de emisor del ciclo de comunicación, el maestro sólo es un iniciador y un facilitador de este proceso que es la suma total de influencias sociales, personales y culturales, presentes y futuras, que caracterizan el conjunto de interacciones que se llevan a cabo, e influenciados por la personalidad, lenguaje y entorno físico. Necesariamente este proceso debe responder a los siguientes interrogantes:

- Quién establece la comunicación (profesor-alumno).

- A quién se dirige la comunicación.

- Qué se comunica (mensaje explícito, implícito, pautas implícitas, pautas convenidas, experiencias, etc.).

- Cuándo se efectuará, o sea, expresión del desarrollo y aspectos temporales del proceso.

- Dónde se realizará la comunicación, o sea, el ámbito o espacio físico, social o afectivo.

- Cómo se ejecutará (métodos y técnicas de acción orientadas hacia los fines definidos previamente: pedagógicos, didácticos, sociales, etc.).

Algunos creen que el conflicto puede constituirse en una herramienta importante para agilizar o dinamizar los procesos de interacción. Tradicionalmente el término designa cualquier estado antagónico entre dos o más partes, o en el individuo mismo, todo ello como contraposición de intereses, valores o puntos de vista. Pero, aquí el conflicto no debería entenderse necesariamente como un elemento negativo o perturbador sino, en su dimensión dialéctica, cuya oposición entre dos partes permite desarrollar y agilizar procesos. En algunas oportunidades se ha hecho referencia a la "pedagogía del conflicto" la cual busca "problematizar" la realidad donde se actúa y generar contradicciones cuya superación va a permitir entender mucho mejor los problemas que se plantean y se desarrollan.

Anastasio Ovejero, en su libro *Psicología social de la educación* nos habla de diversos conflictos que se presentan en el aula.

- Conflictos de roles que están relacionados con la realidad social y que se reflejan y se reproducen en el aula (culturales, sociales, económicos, etc.).

- Conflictos de roles cuya raíz es la característica de personalidad de cada uno de los integrantes del aula (en las relaciones interpersonales, en los juegos, en el trabajo, etc.) .

- Conflictos de roles que surgen de la cultura imperante, esperante, especialmente aquellos que tienen que ver con la actitud frente a las profesiones, trabajos, ideologías y todo aquel sistema de valores, creencias y sentimientos dominante en un medio determinado.

- Conflictos a nivel institucional, producto de las normas y prácticas internas imperantes (tipos de disciplina, horarios, sistemas de evaluación, reacción de los estudiantes frente a la autoridad, etc.).

Dentro del conjunto de relaciones que se dan en estos procesos de interacción, según Antonio Medina, existen algunas que predominan sobre otras y que albergan diversos tipos de representación conceptual, modos peculiares de comportamiento y formas diferentes de actitud que caracterizan estas relaciones. Serían las siguientes:

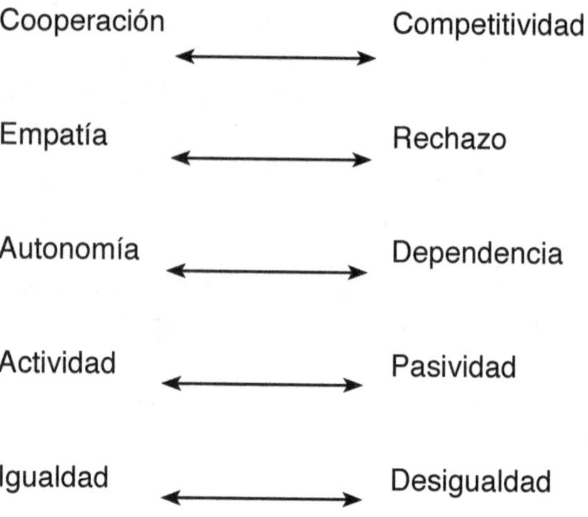

La *cooperación* ha sido un principio pedagógico muy importante en el aula escolar, siempre ligado al compromiso de la escuela y abierto a la realidad social. La adquisición de una conciencia solidaria en la que el sujeto debe compartir todas las instancias que participan en el proceso de enseñanza y aprendizaje, es una buena escuela para la formación de la sensibilidad y de la conciencia solidaria y social del estudiante. Este tipo de experiencia es útil para la educación del espíritu democrático y para la práctica de un principio que le va a permitir entender y ejercer en su vida extraescolar.

Pero si bien en este proceso de interacción esta experiencia solidaria es importante, lo es también su antagónico la *competitividad*. Algunos creen que el desarrollo de la competitividad es un "cuchillo de doble filo" y en general una actividad que se debe manejar con cierta cautela para evitar que se cree un clima de hostilidad, celos, egoísmo y distanciamiento en el aula. La competitividad es muy valiosa como mecanismo de motivación ya que ayuda a despertar el interés por determinadas actividades, pero peligrosa si no se maneja con cuidado. Lo ideal es alcanzar un equilibrio que posibilite manejar, según las circunstancias, tanto la cooperación como la competitividad, no olvidando que la primera es un principio pedagógico que se convierte en uno de los propósitos de nuestro trabajo, en cambio, la segunda es sólo un medio para agilizar y dinamizar el aprendizaje y la enseñanza.

Los principios de autonomía y de libertad son inseparables de cualquier proceso educativo, porque cualquier elemento que impida el desarrollo libre del niño es negativo. La *autonomía* es una cualidad dinámica de la persona humana que le permite organizar y dirigir sus actos de acuerdo a su propia forma de ser o pensar. Tradicionalmente se habla de *autonomía funcional* cuando existe cierta independencia del individuo con relación a su entorno físico y de *autonomía psicológica* cuando la persona tiene la capacidad para conducirse de acuerdo a sus propias convicciones. Aunque no puede afirmarse que los individuos son completamente autónomos con relación al medio donde actúan, su identidad de referencia es menor con relación a las normas vigentes y poseen mayor independencia en el momento de pensar y actuar. Algunos autores afirman que la autonomía personal es una de las finalidades principales de la educación, ya que ello asegura la capacidad de autogobierno y la posibilidad de tomar decisiones responsables, estimula la iniciativa y la creatividad y le da mucha seguridad a quien piensa y actúa libre de condicionamientos externos. Para la mayoría de los especialistas la *dependencia*, como sinónimo de subordinación, sometimiento o inferioridad jerárquica es negativa y perjudicial para el desarrollo del ser humano y en este caso para la actividad del aula. Tanto la dependencia social como la psicológica implican un condicionamiento que sólo en algunos casos puede ser positiva, particularmente cuando la persona por causas diferentes requiere apoyo, consuelo e incluso dirección.

Dentro de los procesos de interacción, la *empatía* tiene una importancia vital, particularmente a nivel afectivo, ya que a través de esta *simpatía mutua* que existe entre profesor y alumno se logra una identidad que es fundamental en este tipo de relaciones. A la *empatía* se la define como la acción de sentir o colocarse en el lugar del otro, es decir, es un modo de interacción comunicativa basada en el respeto profundo y en la comprensión, por lo menos, en el caso de las relaciones entre docente y alumnos. Algunos autores nos hablan de la empatía como el sentimiento que se proyecta hacia otra persona y la emoción que se produce. Para ello las personas deben estar en condiciones de captar intuitivamente la realidad de las otras, comprendiendo sus conductas, sus motivaciones y sus perspectivas vitales.

Pero, así como existe la empatía, también existe su contrario, *el rechazo*. Aunque la mayoría de los autores consideran el rechazo como una actitud propiciadora del distanciamiento, oposición y hostilidad, algunos creen que es útil en la medida que se constituya en una forma de la crítica, de la impugnación y de la disensión. Las contradicciones son muchas veces importantes porque ellas pueden estimular el análisis, la discusión y el debate al interior del aula. Al profesor le corresponde explorar e investigar las causas que determinan el rechazo de una actividad o de un planteamiento, porque este puede convertirse en un motivo para estimular la discusión y el debate entre los alumnos.

El término *actividad* si bien está muy ligado a la escuela activa o a la "nueva escuela" —que lo convirtieron en el fundamento de sus propuestas pedagógicas—, también rebasa cualquier escuela o tendencia en este terreno. En general, se trata del conjunto de tareas o acciones que se realizan en el aula para alcanzar un objetivo preciso, es decir, la actividad busca el logro de un producto determinado porque la *actividad por la actividad* sólo se da en el terreno lúdico infantil donde el niño disfruta de una actividad libre y sin ataduras didácticas o pedagógicas promovidas por el maestro. Las actividades escolares hacen parte de la programación del aula y se llevan a cabo para alcanzar determinados objetivos dentro del proceso de enseñanza y aprendizaje. Existen actividades extra-escolares que se realizan fuera del horario escolar, pero que son concurrentes a las actividades escolares en cuanto a los propósitos educativos culturales, recreativos, científicos, sociales, deportivos, etc.

La actividad es la base de la realización del estudiante, porque a través de esta tiene la oportunidad de cumplir un rol activo en todas las labores y tareas del aula. La ausencia de realizaciones en el aula inhibe la capacidad de iniciativa de los alumnos y, en general, los niveles de participación. Se constituye en un indicador importante para evaluar la calidad pedagógica de un aula.

Todos los autores coinciden en afirmar que la *pasividad* es la negación de la realización humana y es el germen de algo que puede convertirse en apatía o indiferencia tanto del profesor como del alumno. Y sabemos por experiencia que la contrapartida es un proceso de interacción activo y una actividad compartida que se realiza como parte de un proceso de comunicación y de mutualidad.

El tema de la *igualdad* se encuentra muy relacionado con otros conceptos fundados en un principio que tiene que ver con la participación, la correspondencia o la equidad los cuales se relacionan con el reconocimiento que se hace, en las personas, del derecho a participar en un mismo pie de igualdad en todas las actividades en donde esté involucrado. Lo ideal sería, a igual capacidad y condición de las personas, igual nivel de participación y capacidad de decisión.

En el caso específico del aula, la igualdad entre profesor y alumnos se expresa en la capacidad de decisión que posee cada uno, pero también en el trato de igualdad del profesor hacia los alumnos y viceversa. Con el primero se busca evitar las preferencias y las marginaciones por causas diferentes y en el segundo, evitar que los alumnos tengan también sus preferencias o prejuicios en este sentido. Tampoco hay que olvidar la igualdad en el trato entre los propios alumnos, donde muchas veces las diferencias económicas, sociales, culturales, físicas o psicológicas pueden convertirse en causal de prejuicios, discriminaciones y finalmente desigualdades.

Muchas preguntas surgen en torno al tema de la igualdad entre profesores y alumnos, ya que en este terreno existen posiciones bien diferentes. Por un lado algunos autores claman por un trato igualitario entre profesor y alumno y, romper esa barrera que siempre ha separado la enseñanza del aprendizaje, la cual puede constituirse en un factor negativo dentro de un proceso de interacción que busca en las diferencias de roles un equilibrio y una correspondencia. Especialmente esta igualdad se debe dar en el contexto de una toma de decisiones donde el problema no debe reducirse a saber quién las toma, sino si el docente es un líder natural o impuesto del aula, o si todo esto es el resultado de un proceso de madurez y de comprensión mutua.

La relación desequilibrada y discriminatoria no ayuda en nada al desarrollo de la interacción en el aula, al contrario, contribuye a crear un clima de desagrado, inhibición y muchas veces de hostilidad en esta. A juicio de Flanders la *desigualdad* entre docentes y alumnos crea distanciamiento, inseguridad y desconfianza lo cual no favorece el trabajo pedagógico.

Dentro de las formas de interacción entre el maestro y los estudiantes se encuentra la interacción preguntas/respuestas. El propósito de las preguntas según Nunan, ya sea para comunicar o confirmar, es establecer una diferencia entre ellas y conduce a una clasificación. La diferencia estriba en el hecho simple de saber si el profesor ya conoce o no la respuesta. Si la conoce, la pregunta tiene el único propósito de guiar a los alumnos a mostrar su comprensión y manejo de la lengua. Si el profesor no conoce la respuesta del alumno, el propósito de la pregunta normalmente será el de obtener nueva información. A las primeras, el autor las denomina "preguntas display" y a las segundas "referenciales". Cuando los docentes no han sido capacitados o no toman en cuenta la diferencia entre el tipo de preguntas que realizan, casi todas ellas son de tipo "display" y desperdician una oportunidad comprobada de respuesta, por parte de sus alumnos, con lenguaje más significativo, más extenso y sintácticamente más complejo. Las preguntas de tipo referencial pueden incrementar la participación oral de los alumnos.

LOS PROCESOS DE ENSEÑANZA Y APRENDIZAJE

Enseñar es hacer aprender decía Willmann, pero en la práctica no siempre se logra ese propósito. Muchas veces se puede enseñar sin que nadie aprenda y se puede aprender sin que otro enseñe, situación que puede tener significados muy diferentes en el aula, porque ello implica necesariamente el rompimiento de un proceso lineal y casi mecánico de los modelos tradicionales donde generalmente el profesor cumple funciones específicas, casi inmodificables: el maestro enseña y el alumno aprende. En la historia de la educación nos encontramos con diversos modelos que buscan dar respuestas y soluciones diferentes al problema. El modelo más tradicional y convencional es aquel donde las relaciones se dan en términos de proceso-producto. La regla es muy simple, los profesores realizan actividades que usualmente se denominan "procesos de enseñanza" y que tienen por destinatarios los alumnos que reciben unos "productos del aprendizaje". En este proceso es importante conocer, evaluar o estimar los efectos de las acciones del profesor o de las actividades docentes sobre el aprendizaje del alumno. La acción gira en torno al trabajo pedagógico del profesor a pesar de, supuestamente, tratarse de un proceso de interacción entre profesor y alumnos. Este modelo educativo tradicional refuerza un esquema en el cual el profesor se constituye en el eje del proceso de enseñanza-aprendizaje. Él decide por completo qué y cómo debe aprender el alumno y evalúa cuánto ha aprendido, mientras que este participa solamente en la ejecución de las actividades seleccionadas por el profesor, lo cual convierte al alumno en un ente pasivo que espera recibir todo el conocimiento del profesor.

Pero si bien este modelo de interacción continúa vigente en muchas escuelas y colegios, existen cambios en la forma de entender un proceso donde tanto el profesor como los alumnos interactúan a través de elementos mediadores que ayudan a reforzar y a consolidar esta interacción. No hay que olvidar que el alumno entiende e interpreta desde su punto de vista los comportamientos y actuaciones del profesor. Muchas veces el alumno realiza su propia interpretación de todo aquello que enseña el profesor y, en general, realiza sus propias construcciones mentales de lo que está enseñando. Para que exista identidad entre lo que se dice y lo que se entiende, debe haber una comunicación y una comprensión muy estrechas entre ambos, de lo contrario, el proceso pedagógico no será beneficioso para nadie.

En el grupo, como resultado de los diversos niveles de interacción que se dan en el aula, se perciben algunas tendencias entre los estudiantes que definen su actitud ante el grupo y ante el profesor. Al profesor le corresponderá convivir con una población estudiantil heterogénea lo cual va a exigir estudios y observaciones que permitan recabar más información sobre sus actitudes y comportamientos. Jacobo Moreno buscando tipificar la población estudiantil destaca las siguientes estructuras dentro de un aula de clases:

Estrellas: son los estudiantes con un amplio círculo de relación y, centro constante de atracción entre sus compañeros. Por causas diferentes son los líderes reales o potenciales del grupo.

Aislados: son los alumnos que no se relacionan ni se comunican con los otros compañeros. Su presencia en el aula es sólo física.

Olvidados: corresponderían al grupo promedio o *del montón,* los cuales no constituyen un foco de interés ni se destacan por alguna particularidad en especial.

Rechazados: son los que por alguna causa son rechazados por el grupo a pesar de sus intentos por integrarse a él.

Pares: son los que se eligen mutuamente y se constituyen en compañeros o amigos permanentes. Son las "llaves", que se pueden transformar en núcleos en la formación de grupos o simplemente marginarse de estos.

Pandillas: son subgrupos de la clase, que en algunas ocasiones se aíslan del grupo o pueden llegar a manipularlo e influir sobre este.

Filtros: si bien no constituyen grupos homogéneos y cerrados, crean una verdadera muralla social con relación a otros grupos. Esta estratificación se puede dar por causas socio-económicas, por la edad, el sexo o el rendimiento en los estudios.

Estas estructuras pueden ampliarse y diversificarse, y al docente le corresponderá la labor de interpretarlas y orientarlas.

LAS SUBCULTURAS QUE SE PRESENTAN EN EL AULA Y EN LA ESCUELA

Durante estas últimas décadas han aumentado las investigaciones, particularmente de tipo etnográfico, sobre la incidencia que tienen en el trabajo escolar en el aula, las denominadas *subculturas escolares*, particularmente las que tienen relación con la forma de percibir el estudiante todo aquello que hace parte de su vida escolar. Quizás, para algunos, el término *subcultura* pudiera tener un significado peyorativo o despectivo, pero de hecho no lo es porque a la postre se trata de un conjunto de valores, normas, actitudes, creencias y conductas que adopta un grupo en un medio social determinado. En este caso, es la actitud que asume el estudiante frente al acto de enseñar y aprender, frente a los programas, la disciplina, los contenidos de los programas, a la figura del profesor, a las normas vigentes en la escuela, etc., no hay que engañarse, el estudiante ve y percibe la realidad escolar en forma diferente al profesor. No podría ser de otra forma, ya que independientemente de los niveles de interacción que existen entre ambos, son biológica, social, psicológica y culturalmente diferentes. El niño o el muchacho, dentro de su grupo, adopta un comportamiento diferente al que asume frente al profesor, usa un lenguaje propio y las relaciones con sus compañeros son también diferentes.

Diversos autores nos hablan de una presunta *cultura escolar*, es decir, un estilo de ser, de hacer y pensar, propio de las personas que participan directa o indirectamente en la vida escolar. Al igual que cualquier otro grupo que hace parte de la cotidianidad escolar, se apropia de un conjunto de saberes que le ayudarán a comunicarse e integrarse a este pequeño espacio escolar regido por determinadas normas, códigos y principios, sujeto a una rutina institucional y a un tipo de relaciones que muchas veces difieren de otros ámbitos. Directivos, docentes y alumnos, independientemente de las normas y reglas institucionales vigentes, viven en medio de un clima, una forma de actuar y de pensar diferente, situación que se percibe más claramente en el momento en que una persona pisa por primera vez una escuela. A. A. Bellack decía que la escuela es una especie de *templo* donde hablamos y actuamos en forma diferente y donde adoptamos una serie de comportamientos que, a nuestro juicio, están de acuerdo con las convenciones institucionales dominantes en este medio. Son las percepciones de formalidad propias de un ámbito que nos llevan a adoptar un comportamiento más *ritualesco* y *estereotipado* bien diferente en otros entornos. El estudiante una vez que se apropia de este conjunto de saberes se siente más seguro, cómodo y relajado.

Este comportamiento, propio de una subcultura, en algunos casos se inicia en un pequeño grupo que posteriormente se proyecta y se extiende a todo el grupo. En algunos casos es la típica *cultura de la pandilla* de la cual nos habla Rodrigo Parra en su libro *La escuela violenta.* Según él

> *a cultura de pandilla implica la unión de fuerzas a/ unirse al más fuerte para que lo defienda de otros más poderosos*[2].

En estos espacios construyen su propia cultura, con valores éticos y sociales que la mayoría de las veces no coinciden con los valores dominantes. Utilizan una jerga y un lenguaje propio, el cual se debe asimilar si se desea ser aceptado en este círculo. Muchos maestros se interesan por conocer esta subcultura como una fórmula para comunicarse con los estudiantes, pero en cambio, otros la reprimen y se niegan a aceptar este tipo de comportamientos y actitudes.

---

2   PARRA, Rodrigo y otros. *La escuela violenta.* Fundación FES, Tercer Mundo Editores. Bogotá, 1992.

Capítulo 2

El proyecto de aula

¿Qué es un proyecto de aula?

En el capítulo anterior se destacó el significado y la importancia que posee el aula como sistema de comunicación dinámico e interactivo, lo cual permite no sólo la creación de diferentes espacios socializados para el trabajo del docente y el alumno, sino la integración de los saberes escolares. Pero si bien en el aula existen las condiciones físicas y pedagógicas ideales para alcanzar estos niveles de comunicación y de interacción, ello no será posible si se carece de los medios y los procedimientos adecuados para hacerlo. Uno de estos es el *proyecto de aula,* una estrategia que vincula los objetivos de la pedagogía activa, el cambio conceptual, la formación hacia la autonomía y la interacción docente-alumno para la generación de conocimientos. Algunos autores relacionan la metodología de proyectos en el aula con los paradigmas constructivistas pero, en cambio, otros consideran que sus formas de trabajo rebasan cualquier modelo o paradigma.

Se acepta que cualquiera sea la modalidad o los propósitos de un proyecto, sus funciones y su misión son la de prever, orientar y preparar el camino para alcanzar un propósito o un resultado determinado. Las personas por medio del proyecto buscan anticipar mentalmente las acciones que se van a desarrollar durante la gestión de un proyecto, es decir, están en condiciones de prever los diversos pasos y acciones que se realizarán durante su desarrollo. De ello se deduce que la función principal de un proyecto es la de dirigir, encausar, guiar y orientar sistemática y organizadamente a las personas o acciones encaminadas hacia un fin determinado. Pero detrás de estas intenciones puramente operativas e instrumentales, propias de cualquier proyecto, existen, en el caso de proyecto de aula, propósitos pedagógicos que van más allá de estos designios.

¿Qué motiva la realización de un proyecto? Tradicionalmente se habla de cuatro motivos básicos a los cuales no es ajeno un proyecto de aula:

- Satisfacer una necesidad relevante para un grupo humano, para una institución o para una persona, o en su defecto superar los obstáculos que impidan la satisfacción de esa necesidad.

- Resolver un problema relevante y complejo, dentro de su contexto y de un sistema determinado de valores.

- Introducir y orientar un proceso de cambio que se considera necesario y deseable de acuerdo a ciertos valores.

- Efectuar cambios y mejoras a una actividad o servicio.

Abundan las orientaciones y los tipos de proyectos, la mayoría de los cuales responden a propósitos muy diferentes, como por ejemplo, mantener un estado de cosas, adaptar una institución, actividad o servicio a un medio que ha cambiado y se ha transformado, incrementar el conocimiento de una realidad poco conocida, aplicar los conocimientos de la ciencia o, simplemente, resolver un problema social o institucional e intentar un proceso de cambio. Un proyecto de aula necesariamente se enmarca dentro de estas orientaciones fundamentales.

En la institución educativa, muchas veces la rigidez de los currículos impide adaptarse a situaciones nuevas que se están dando permanentemente en el medio que nos rodea. Los programas rígidos y estáticos no admiten cambios y modificaciones sustanciales y, en la mayoría de los casos, tanto sus objetivos, procesos, procedimientos como sus contenidos permanecen inalterables cualquiera sea la circunstancia que exista. Para una realidad dinámica y en permanente cambio donde se modifican con mucha facilidad los tiempos, espacios y ambientes de conocimiento, deben existir currículos y programas que respondan a estas exigencias transformadoras. De ahí la tendencia actual a flexibilizar los currículos y estar siempre abiertos a todo aquello que pueda enriquecerlos y actualizarlos y, las actividades propias de los proyectos de aula sirven a esos propósitos innovadores y transformadores.

En estas últimas décadas, en la pedagogía se han venido enfrentando dos posiciones aparentemente antagónicas frente al tema del currículo: una que se asocia con la escuela tradicional y otra vinculada con los procesos renovadores y cambiantes de la educación. Los *currículos cerrados* tradicionalmente hacen parte de los primeros y se destacan por su rigidez, por sus contenidos fijos y memorísticos, porque son elaborados por expertos y liderados por el profesor, por la importancia que le asignan a los resultados y porque se desarrollan exclusivamente en el aula. En cambio los *currículos abiertos* son flexibles, con contenidos cambiantes e interrelacionados, le asignan una importancia dominante a los procesos, utilizan las evaluaciones formativas, propugnan la interacción entre la escuela y la realidad, le dan relevancia a las diferencias individuales y al contexto social, cultural y geográfico.

Los proyectos de aula no serian posibles en un currículo cerrado y cualquier iniciativa al respecto va a implicar necesariamente cambios en la estructura curricular de las instituciones.

¿Qué es un proyecto de un aula? ¿Cuáles son sus características fundamentales? ¿Qué niveles de utilidad tiene para el proceso educativo? Debido a la proliferación de formas y estilos de percibir y realizar un proyecto de aula, se dificulta cualquier intento por definir una modalidad que cada vez tiene más arraigo en la comunidad educativa. Para algunos autores, es un conjunto de actividades que combinando recursos humanos, materiales, financieros y técnicos, se realizan con el propósito de apoyar, complementar y ampliar los programas y el currículo de una clase o de un curso. Para otros, es un instrumento de planificación didáctica del aula y un factor de integración que articula los componentes curriculares de un aula y utiliza la investigación como un medio de indagación y búsqueda. En algunos casos se convierte en el puente que media entre el trabajo del aula y la realidad externa y, promueve los vínculos de los estudiantes con esta realidad. Diversos autores la asocian con la transversalidad, la transdisciplinariedad y la globalización de los aprendizajes en el aula. Muchos de los principios señalados por Edgar Morin sobre la contextualización, la globalización, la solidaridad y la complejidad en su obra *Los siete saberes necesarios a educación del futuro* (2000) sirven de fundamento doctrinario y epistemológico para justificar la existencia de los proyectos de aula. Pero cualquiera sea la definición que adoptemos no hay duda que es, esencialmente, una estrategia y metodología que tiene por propósito principal movilizar las estructuras cognoscitivas del estudiante en un proceso autónomo e interactivo.

Aquí hay que recordar que el Pedagógico de Aula (PPA) hace parte del sistema escolar venezolano y es un instrumento de planificación de la enseñanza con un enfoque global, que toma en cuenta los componentes del currículo y que busca dar respuesta a las necesidades e intereses de la escuela, del aula y de los educandos a fin de proporcionarles una educación de calidad. El *projet de classe* francés, es una herramienta que promueve la iniciativa y la capacidad investigativa de los estudiantes, por eso, a estos les corresponde definir los temas, los medios los lugares y los propósitos de estos proyectos. Lo real y concreto es que un proyecto de aula, cualquiera sea su desarrollo y su curso, tiene como punto de partida y de llegada el aula. Para Laurent Dubois su objeto y objetivo es la realidad externa, pero sus beneficios y resultados deben ser compartidos por todos los integrantes del aula.

Son numerosas y diferentes las funciones que puede cumplir un proyecto al interior de aula y es difícil señalarlas todas, pero creemos que ninguna es ajena a las propias de cualquier proyecto:

- Concretar y precisar lo que quiere realizar.

- Hacer efectivas las decisiones que se tomen a cualquier nivel.

- Seguir cursos de acción que conduzcan a la obtención de determinados resultados.

Como ya se señaló en *Cómo elaborar proyectos* (cuarta edición, 2001), en primer lugar, habría que entrar a diferenciar entre un *proyecto* como idea, actitud, intención o plan de una *gestión de proyecto* que es una instancia más estructurada, donde se entran a definir los recursos operacionales y técnicos que se requieren para la realización del proyecto. En el primer caso, este se confunde con los propósitos propios del proceso educativo, de los programas y el currículo, en cambio en el segundo, se involucra con modelos técnicos y metodológicos de cualquier sistema organizacional y gestional.

¿Cuáles son las funciones más importantes de un proyecto de aula? Quizás debido a la profusión y variedad de funciones no es tan fácil señalarlas todas. Veamos las más significativas:

- A pesar de su carácter específico y de su transversalidad permite la globalización e integración de los aprendizajes porque en este deben estar presentes como premisas básicas del desarrollo los cuatro aprendizajes fundamentales de cualquier proceso educativo: aprender a ser, aprender a conocer, aprender a convivir y aprender a hacer.

- Se construyen conjuntamente con el aporte de los estudiantes e inclusive con participación de la comunidad.

- Contextualiza y adapta sus objetivos a las necesidades, características e intereses de los educandos, de la realidad de la institución y de la comunidad educativa.

- Facilitan el establecimiento de relaciones con otras áreas académicas diferentes, es decir, es en esencia interdisciplinario.

- Establecen técnicas de enseñanza y actividades que permiten una adecuada intervención pedagógica; en el aula existe libertad para utilizar todas las técnicas y procedimientos que sean necesarios.

- Se efectúan a corto, mediano y largo plazo.

- Evalúan de una forma compartida e integral todas las fases del proceso y la actuación de todos los entes ejecutores desde el momento de la planeación hasta su culminación final. Por medio de los proyectos de aula se puede tomar *el pulso* a los niveles de formación del estudiante.

- Permiten el desarrollo de las competencias comunicativas de los alumnos en lo que respecta a las cuatro habilidades básicas del lenguaje: hablar, escuchar, leer y escribir.

- Promueve la capacidad investigativa de los docentes y los estudiantes, desde sus actitudes básicas frente al proceso investigativo hasta los aspectos científicos, metodológicos y técnicos propios de la investigación científica.

- Realiza adaptaciones curriculares mediante la incorporación de contenidos de aprendizaje, aplicación de metodologías innovadoras y atendiendo los contextos institucionales, locales, regionales, nacionales e internacionales.

- Incorpora nuevas áreas académicas a los currículos y planes de estudio en atención a las necesidades e intereses nacionales y los propios a nivel local y regional.

¿Cuáles son los elementos que necesariamente deben incluirse en un proyecto determinado? Si bien en este terreno las opiniones son muy diversas y dispares, generalmente se acostumbra a sugerir los siguientes:

- Un plan de trabajo donde se señalen las diversas etapas y pasos que se desarrollarán durante el proyecto.

- Una descripción de lo que se quiere conseguir, indicando con precisión la finalidad del mismo, todo ello como resultado de un diagnóstico o de una evaluación exploratoria que posibilite identificar los problemas, necesidades, intereses y expectativas de la población donde se realizará el proyecto.

- Unos objetivos y propósitos definidos que permitan visualizar el qué, para qué y por qué del proyecto.

- Una adaptación del proyecto a las características del entorno y a las personas que lo van a llevar a cabo. Es decir, el dónde y con quiénes se adelantará el proyecto.

- Una metodología que permita definir el camino por el cual se optará, las estrategias que se utilizarán, es decir, el cómo del proyecto.

- Unos datos o informaciones técnicas para el mejor desarrollo del proyecto, así como los instrumentos y medios que se utilizarán durante su desarrollo.

- Unos recursos mínimos imprescindibles para su aplicación (tiempo, espacio, condiciones materiales, etc.).

- Una temporalización precisa para el desarrollo del proyecto (cronograma, plan de trabajo, etc.).

- Unos criterios, métodos o procedimientos para evaluar global y específicamente el proyecto, ya sea durante su desarrollo (evaluación formativa) o sus productos y resultados finales (evaluación sumativa).

Todos estos elementos se pueden sintetizar en un conjunto de preguntas que a la postre permiten definir y caracterizar el proyecto: qué voy a hacer, para qué lo voy a hacer, cómo lo voy a hacer, con quiénes lo voy a hacer, dónde lo voy a hacer y por qué lo voy a hacer. Son preguntas claves para definir la intencionalidad, los propósitos, la justificación y los medios que se utilizarán en la realización del proyecto.

No hay duda que en la escuela y en la educación en general, el proyecto ha tenido un significado particular, no sólo como estrategia propia de la planeación educativa sino como un plan de acción fundamentado y organizado que actúa en el aula, en el proceso de enseñanza-aprendizaje, en el currículo y en la institución educativa. En muchas oportunidades se ha convertido en una alternativa innovadora que ha sido utilizada para romper la rigidez y rutina de los programas, estimular el sentido critico, realizar actividad en grupo y desarrollar el potencial investigador de los estudiantes. El carácter más preciso y puntual de los proyectos posibilita vincular el trabajo del aula y la escuela con la realidad social, a tal grado que algunos autores nos hablan del proyecto como una herramienta fundamental de la praxis educativa.

No existe una definición precisa de *proyecto de* aula pero no hay duda que todos sus propósitos y recursos apuntan hacia un trabajo pedagógico e investigativo que se realiza en el ámbito especifico del aula. Es mucho más que un conjunto de actividades que se efectúan eventualmente en el aula y en general buscan alcanzar algunos resultados y productos determinados. Para muchos es un excelente instrumento de planificación de la enseñanza y el aprendizaje que, a pesar de estar en condiciones de ajustarse a los componentes del currículo, tiene libertad para resolver, enriquecer o ampliar los contenidos de este. Lo fundamental es que un proyecto de aula responda a los intereses, necesidades y expectativas del grupo al cual se destina. Generalmente se diseña como un enfoque global, pero se centra en una experiencia concreta de la vida cotidiana del alumno, de un grupo determinado, particularmente centrado en un acontecimiento, un problema, una situación o un hecho interesante, una necesidad o quizás un tema de investigación. Como veremos, según los propósitos que se señalen en cada caso, la elaboración de un proyecto de aula puede estructurarse para una sesión de un lapso determinado de tiempo, un día, una semana o quizás un mes de clases. A diferencia de un programa, un proyecto tiene propósitos y fines muy definidos.

Algunos autores consideran el proyecto de aula como el medio ideal para motivar el trabajo escolar porque, en general, existe más libertad para elegir los temas y los contenidos de un proyecto, en la mayoría de los casos vinculados a los intereses y a la vida social del estudiante. Es decir, su trabajo se presta para una acción interdisciplinaria, creativa y para la solución de problemas, o sea, motivar y desarrollar la labor investigativa.

Diseñando y planeando un proyecto de aula

Se piensa que un proyecto de aula se puede transformar en la medida de la praxis pedagógica quizás porque a través de este se logra traducir en actos una serie de ideas, intereses y necesidades por medio de acciones concretas que no siempre son posibles de realizar en programas o currículos predeterminados de un curso o de un semestre. El gran valor de un proyecto de aula es que los estudiantes tienen la oportunidad de conocer todos los aspectos comunes propios de un proyecto. ¿En qué momento se justifica la realización de un proyecto de aula? Son numerosos los momentos y las instancias en que se requiere su presencia:

- Cuando existe un problema que resolver y se justifique adelantar una investigación.

- Cuando se desee incorporar un tema que no ha sido considerado en el currículo o en el programa de estudios vigente.

- Cuando se desee transformar una *idea en actos* y desarrollar una actividad compartida y sentida por los estudiantes.

- Cuando se desea acercar a los alumnos a las herramientas que les permitan planificar y elaborar todas las fases de un proyecto.

- Cuando se quiera realizar un trabajo en grupo donde cada uno de los integrantes de este se sienta parte de un proceso de reflexión y acción en común.

- Cuando se desea darle un carácter y un significado más regional o local a los contenidos generales de un currículo.

Ya lo señalamos anteriormente: el trabajo en proyectos no sólo se debe centrar en el seguimiento y evaluación de los resultados obtenidos. Es importante también reflexionar a sus alumnos sobre el proceso, para fomentar en ellos una actitud critica, que en forma participativa reflexione sobre:

- La organización grupal (antes-durante-después).

- La asignación de roles y responsabilidades para cada alumno.

- La planificación de las acciones.

- Las dificultades encontradas.

Aunque en este terreno las opiniones difieren, en el diseño y planeación de un proyecto de aula se contemplan los siguientes pasos:

- El diagnóstico preliminar.

- Descripción de la realidad situacional.

- Fundamentación y justificación.

- Objetivos y propósitos del proyecto.

- Definición y caracterización de la población objeto del proyecto.

- Planeación de la fase operativa.

- Definición y caracterización de la población objeto del proyecto.

- Planeación de la fase operativa.

- La metodología, los medios y los procedimientos.

- Evaluación del proyecto.

Componentes básicos de un proyecto de aula

Diagnóstico preliminar

Uno de los aspectos claves para el éxito de cualquier proyecto de aula que se adelante, es el conocimiento que se posee de los problemas, necesidades, expectativas e intereses de la población que a la postre es el objeto y objetivo de este proyecto. No podemos adelantar ningún tipo de proyecto si no hemos definido el *para qué* de las acciones que adelantemos. Un proyecto se realiza con un propósito determinado y no se puede adelantar un conjunto de acciones que carezca de algún tipo de justificación. De ahí la importancia que posee el conocimiento previo de todos aquellos aspectos relacionados con las necesidades y problemas propios del aula, con la población involucrada en estos y, en general, con toda aquella información que sea útil en el momento de definir los términos del proyecto y de planificar las actividades. Hacemos referencia a un diagnóstico como el instrumento que nos permitirá juzgar lo que está pasando en el aula sobre la base de informaciones, datos y hechos recogidos y ordenados sistemáticamente, pero, funciones similares puede cumplir un *inventario critico de la experiencia de docentes y alumnos en el aula o, un proceso de indagación preliminar.* ¿Qué funciones cumple un diagnóstico en el contexto de un proyecto de aula? En términos operativos comprende las siguientes tareas:

- Sistematizar y organizar la información sobre la situación-problema que se desea identificar o resolver por medio del proyecto, y si es posible, saber cómo se ha llegado a ella y cuáles son sus tendencias más importantes.

- Definir la naturaleza y la magnitud de las necesidades y problemas de la población objeto del proyecto y jerarquizarlos en función de los criterios curriculares, pedagógicos, individuales o grupales, institucionales, disciplinares, etc., que se establezcan en cada caso.

- Conocer los factores más relevantes de una actividad o aspecto que se busca resolver, de las diferentes fuerzas en conflicto y conocer igualmente los factores que actúan de manera favorable, para así alcanzar los objetivos que se han señalado.

- Determinar los recursos e instrumentos disponibles, de lo contrario, se puede adelantar un proyecto que carece de los medios básicos para implementarlo.

- Servir de base para acciones concretas que pueden iniciarse en un proyecto de aula determinado, pero que por razones operativas, pedagógicas o estratégicas deben extenderse a otros niveles o ámbitos: otros proyectos, planes, programas o investigaciones propiamente dichos.

- Adelantar un pronóstico, —el cual puede convertirse más adelante en una hipótesis—, sobre la situación conocida y sus tendencias posibles, como consecuencia de las exigencias de un currículo o de una política institucional. Es decir, una predicción sobre la realidad analizada, que a la postre servirá de base para diseñar y planear el proyecto de aula.

- Adoptar las decisiones que sean necesarias para que la acción educativa sea efectiva. Esto servirá para justificar la realización de un proyecto especifico.

Pero si hacemos referencia a un diagnóstico, esta etapa previa puede tener numerosos alcances y significados ya que puede constituirse en un proceso indagatorio o exploratorio —hasta en una investigación propiamente dicha—, que, en últimas, nos ayudará a definir muchos aspectos con las condiciones objetivas y subjetivas del medio y la población en donde se desarrollará el proyecto de aula. Pero, cualquiera sea la modalidad que se adopte, no hay que olvidar que todas las instancias, en mayor o menor grado, deben convertirse en experiencias y actividades compartidas por los alumnos y los profesores.

Por medio de una diagnóstico formal o una simple indagación, el maestro podrá determinar las fortalezas y debilidades de los estudiantes, los vacíos de los programas y del currículo, y todo aquello que a través de proyectos alternativos pueda ayudar a resolver. Otras veces un proyecto puede ayudar a superar los problemas derivados de una extrema dispersión y atomización de algunos contenidos, integrarlos y organizarlos.

El diagnóstico tiene plena vigencia cuando al docente le corresponde seleccionar el tema como parte de su trabajo pedagógico, pero para muchos autores es al alumno a quien le corresponde seleccionar el tema del proyecto. El maestro sólo debe permanecer atento a las condiciones en que se realiza la elección y sólo debe suministrarles pautas para la asignación de roles o utilización de un método o una técnica determinada. El hecho de los temas tener sus orígenes en el alumnado, convierte al proyecto de aula en una actividad más cercana al estudiante.

El diagnóstico puede ser reemplazado muchas veces por una indagación previa de los conocimientos que poseen los estudiantes sobre el tema.

DESCRIPCIÓN DE LA REALIDAD SITUACIONAL

Aquí el acto de describir la realidad situacional involucra muchos aspectos diferentes pero principalmente se refiere a todo aquello que es el resultado del conocimiento previo de la realidad donde se va a actuar y de los propósitos que orientan el proyecto a realizar. Necesariamente el diagnóstico debe ayudar a identificar los intereses, problemas y expectativas no sólo de la población directamente comprometida con el trabajo, sino los propios del docente, de la institución y aún de la comunidad educativa. La información recabada, inicialmente será analizada por los docentes y estudiantes, y posteriormente traducida en términos de objetivos y problemas concretos. Debe además considerar las condiciones existentes en el aula y de esta manera establecer los niveles de viabilidad de cualquier acción que se adelante durante el desarrollo del proyecto. También ello exige adaptar y adecuar el proyecto a las características del entorno y de las personas que van a participar.

FUNDAMENTACIÓN O JUSTIFICACIÓN

Independientemente de si están o no escritos, el docente debe tener perfecta claridad sobre los criterios y las razones que, en últimas, justifican la realización de un proyecto. Es decir por qué y para qué se hace y, la razón de ser del proyecto. Ello nos obliga a utilizar toda la argumentación lógica que posibilite justificar y fundamentar el planteamiento y la solución de un problema que pueda realizarse en el contexto de un currículo o de una clase normal y no requiera necesariamente la realización de un proyecto. Una de las razones podría ser que el proyecto busque una mayor participación del estudiante, desarrollar la autonomía e independencia de este o despertar el interés por la investigación que en otros casos se dificultaría.

Esta fundamentación o justificación nos conduce a plantear dos aspectos básicos:

- La prioridad, relevancia o importancia del problema que se plantea en el proyecto y para el cual se busca solución.

- Que la solución, metodología y procedimientos utilizados sean los más adecuados y viables para la solución del problema.

Muchas veces los problemas planteados no justifican la realización excepcional de un proyecto porque estos pueden ser resueltos en el marco normal y ordinario de una clase o de un programa. Si se abusa del recurso del proyecto de aula, este puede perder efecto como herramienta de trabajo pedagógica e investigativa. De igual manera el uso de determinado procedimiento o metodología puede que no sea el más adecuado en algunos casos debido, por ejemplo, a que la población no esté preparada, no existe el tiempo adecuado para su aplicación o simplemente no existen los recursos para hacerlo. La experiencia y la práctica nos ayudarán a afinar y perfeccionar estos procedimientos.

Existen muchas dudas y controversias en torno a la conveniencia o no de convertir el problema en el punto central de un proyecto de aula, porque para muchos este sólo es posible formularlo y resolverlo en el contexto de la investigación científica. En cambio, otros afirman quo todo ello depende de la forma como se plantee un problema. Por ejemplo, si un problema es operativo este exige respuestas y soluciones operativas, sin necesidad de diseñar una compleja y extensa investigación científica. En problemas empíricos donde tienen un significado fundamental la experiencia y la práctica, la observación y la descripción pueden constituirse en importantes medios para recoger información sobre la población y, los talleres, seminarios u otras técnicas, en medios muy útiles para resolverlos. Pero si bien en este caso tiene preeminencia lo empírico, tampoco hay que descuidar los ingredientes conceptuales que a la postre nos ayudan a orientar, organizar y generalizar muchas de estas experiencias y actividades.

Objetivos y propósitos del proyecto

En torno a sus objetivos y propósitos, se planifica y organiza un proyecto y, en la práctica, son fundamentales para su realización porque en últimas se constituyen en los puntos de mira del proyecto, es decir el qué se debe hacer, para qué se hace y qué se espera obtener. Aunque ambos términos son correlativos aquí es importante aclarar sus diferencias. Un *propósito* es una instancia más general, una finalidad más *deseable,* que en general está más interesado en el efecto o impacto que puede tener el proyecto, o sea, en los cambios que produce en la población a la cual se destina. En cambio, los alcances del objetivo son más concretos y tienen relación con sus efectos, aunque también los relacionamos con lo que se desea o se esperar alcanzar.

Algunos autores consideran el término *objetivo* como un término polisémico, porque alberga muchas funciones y significados diferentes. Es decir además de incluir el sentido de *propósito* puede constituirse en una meta, o sea un nivel o un lugar donde se quiere llegar y hacia donde se dirigen los deseos o las acciones. Pero también puede implicar un "logro" que es un producto o resultado que se aspira alcanzar. En la mayoría de los casos es un *punto de referencia* que nos ayuda a entender la naturaleza específica de las acciones que se van a realizar, funciones que se confunden con los propios *objetivos generales.* De ello se deduce que el objetivo es una conjunción de propósitos, metas, logros y puntos de referencia que hay que atender en el momento de plantearlo.

Los *objetivos generales* se constituirían en la percepción global y total de lo que se aspira alcanzar por medio del proyecto; en cambio los *objetivos específicos* nos indican puntual y concretamente lo que debe hacerse o realizarse en cada una de las etapas del proceso, además de los logros y metas que se propone alcanzar. Muchas veces no es necesario culminar el proyecto para saber si se han cumplido los objetivos ya que se pueden establecer *objetivos intermedios* que permiten ir evaluando parcialmente la consecución de ellos. Algunos autores consideran que en un objetivo no basta con señalar lo que se busca alcanzar, sino que buscando sentido debe incluirse en su redacción el para qué y por qué se hace, lo cual permite entender sus alcances y le da coherencia al conjunto de actividades.

Al alumno le corresponde desempeñar un papel importante en la determinación de los objetivos, y en el desarrollo del proyecto tendrá la oportunidad de exponer sus interrogantes y definir los objetivos de acuerdo a los intereses del grupo y a los propósitos pedagógicos del profesor. Este determinará sus objetivos en el ámbito afectivo, social, moral e intelectual y, para ello deberá delimitar los temas a trabajar, planeando la forma en que puede integrar el tema elegido con otras áreas o disciplinas.

MÉTODOS, MEDIOS Y PROCEDIMIENTOS

Los métodos, medios y procedimientos de un proyecto de aula se confunden muchas veces con los propios de la actividad pedagógica propiamente dicha, ya que en últimas no son otra cosa que una variante y extensión de las actividades y procedimientos que tradicionalmente hacen parte de los procesos de enseñanza y aprendizaje. Pero independientemente de este hecho, no hay duda que el carácter activo, participativo, especifico e investigativo del proyecto de aula requiere de algunos métodos y procedimientos que faciliten y promuevan muchos de estos aspectos. Hay que recordar que si bien en un proyecto de aula el resolver los problemas planteados o alcanzar los objetivos que se propone es una tarea prioritaria, no es menos importante el proceso que va tener en este caso un innegable valor formativo y pedagógico que al final es uno de los propósitos principales del proyecto de aula. De ello se deduce que los procedimientos utilizados deben incluir principalmente aquellos que están en condiciones de aprovechar tanto los productos y resultados del proyecto como el proceso de este.

Por ejemplo, si uno de los propósitos del proyecto de aula es estimular la autonomía, la iniciativa y el trabajo investigativo, naturalmente habrá que utilizar métodos y técnicas que promuevan la función no directiva del maestro y estimulen todas aquellas actividades que conduzcan a la búsqueda, la indagación, el descubrimiento o quizás el asombro, que pueden constituirse en un verdadero desafío y aventura para el estudiante. Aquí la regla de la cual nos hablan "quien no busca no encuentra" parece tener plena validez en este caso, porque en últimas este tipo de experiencia le va permitir al estudiante descubrir por sí mismo el camino para alcanzar las cosas. Aquí los métodos propios de la etnografía como proceso inicial de conocimiento y de acción participativa, como herramienta transformadora, pueden ser útiles en el contexto de un proyecto de aula, a los cuales les hemos dedicado un capitulo para analizar toda la gama de posibilidades que surgen en este contexto. De igual manera todas las formas de trabajo que posibiliten que el estudiante construya su propio conocimiento son válidas en estos casos, es decir, ello necesariamente nos vincula con una percepción constructivista del conocimiento. Aquí hay que recordar los dos principios de la postura constructivista señalados por Glaserfeld:

> *El conocimiento no es pasivamente recibido por el estudiante, sino activamente construido por este y la cognición tiene una función adaptativa y sirve para organizar el mundo experiencial y no para el descubrimiento de una realidad ontológica[3].*

De ello se deduce que en un proyecto de aula tienen cabida todos los medios y procedimientos que sirvan de apoyo para alcanzar los objetivos que se propone, pero, a su vez, que contribuyan a transformar el proceso cognoscitivo en una experiencia de aprendizaje y, una experiencia transformadora. En el primer caso, todas las variantes de la investigación científica, particularmente de tipo cualitativo (etnográfica, acción participativa, estudios de caso, etc.), pueden ser útiles para un trabajo de búsqueda y solu-

---

3 GLASERFELD, E. Von. "Cognition, construction of knowledge and teaching". En: *Synthese, 80,* USA., 1989.

ción de problemas. En el segundo caso, abundan las técnicas que hacen parte de la Pedagogía Activa, mediante las cuales el sujeto construye conocimientos que le permiten actuar sobre la realidad y que luego se convierte en fuente de saberes y aprendizajes con significado y finalidad: mesas redondas, coloquios, paneles, seminarios, foros, etc. Debido a la importancia que poseen en la realización de un proyecto, le hemos dedicado un capitulo a estas formas de trabajo.

LA PEDAGOGÍA DEL CONTRATO

Dentro del proceso de enseñanza y aprendizaje abundan las estrategias didácticas que buscan facilitar el trabajo pedagógico al interior del aula. Entre esta cantidad de estrategias que el maestro actual utiliza en su trabajo pedagógico nos encontramos con una que sólo en estas últimas décadas ha comenzado a tener una significativa importancia y hace parte del repertorio de sus procedimientos docentes: el contrato didáctico o pedagógico. Este un término popularizado por la pedagoga francesa Halina Preszmycky en sus obras *La Pédagogie Différencee* y *p*rincipalmente en *La pédagogie de Contrat*, pero también otros dos franceses: Nicolás Balacheff y G. Brusseau fueron sus pioneros en el campo de la enseñanza de las matemáticas. Brusseau denominó inicialmente *contrato didáctico* al conjunto de relaciones que se establecen implícita o explícitamente entre el docente y el estudiante. Para comprobar este tipo de relaciones se fue por las escuelas de Francia suministrando un problema, casi como un acertijo: *En un barco hay 26 ovejas y 10 cabras, ¿Cuál es la edad del Capitán? De* 97 estudiantes, entre 6 y 12 años, 67 dijeron la edad del Capitán realizando operaciones con los números del enunciado. Frente a un problema planteado por el docente los niños respondieron haciendo lo que creían que él esperaba de ellos. Se suponía que la propuesta, si la daba el docente, debía tener sentido. Aquí se dieron un conjunto de comportamientos del estudiante, esperados por el docente, y un conjunto de comportamientos del docente, esperados por el estudiante, a lo cual finalmente se denominó *contrato didáctico*.

La naturaleza del contrato didáctico o pedagógico surge a partir de la interacción entre alumno y docente con relación a los saberes en juego. Tradicionalmente al docente se le considera el garante de la legitimidad y de la validez epistemológica y pedagógica de lo construido en la clase, lo cual implicaría que el alumno se vería privado de cualquier toma de decisiones con relación a la construcción de estos saberes. Para muchos autores el término *contrato* es una acepción incómoda, porque nos evoca un régimen normativo, previamente acordado, lo cual puede atentar contra la libertad para disponer y manejar todos los componentes del proceso pedagógico. Según Halina Preszmycky es un error hablar de un contrato formal donde alumnos y docentes se obligan recíprocamente a cumplir ciertas reglas y normas al interior del aula. Para la autora francesa la pedagogía del contrato es una pedagogía que organiza situaciones de aprendizaje donde existe un acuerdo negociado entre maestros y estudiantes. Es un acuerdo pedagógico que tiene por propósito alcanzar objetivos que pueden ser cognitivos, metodológicos o de comportamiento.

> *No basta con reconocer al otro como un partenaire, sino también debe comprenderlo como tal y alcanzar algunos objetivos escolares o cognoscitivos (adquisición de saberes), algunos objetivos metodológicos (saber hacer), o algún objetivo comportamental (saber ser)[4].*

Según la autora, para legitimizar la pedagogía del contrato esta debe fundamentarse en unos principios teóricos que se apoyan en cinco principios básicos:

---

4   PRESZMYCKY, Halina. *La pedagogía del contrato. El contrato didáctico en educación*. Graó. Barcelona, 2000.

Primer principio: consentimiento mutuo. Si no hay consentimiento mutuo no existe un verdadero contrato. El adulto no solamente consiente sino debe tomar decisiones con el alumno.

Segundo principio: el reconocimiento positivo del alumno no solo debe darse en el momento de la evaluación final sino a través de todo el proceso educativo.

Tercer principio: consentimiento recíproco y un compromiso de cumplir los acuerdos.

Cuarto principio: negociar los elementos definidos por el contrato auque existen elementos que no son negociables.

Se habla de distintos tipos de contrato: de recuperación, de solución de conflictos, de evaluación, colectivos de clase, etc., de acuerdo al tipo de funciones que cumpla y a los niveles de negociación que existan (individual, grupal o colectivo de la clase).

De ello se deduce que al contrato didáctico le va a corresponder regir la interacción entre el maestro y el alumno, entre el primero y el grupo. Para muchos de estos autores, sin contrato didáctico no hay enseñanza ni aprendizaje posibles, porque para el trabajo en grupo se deben establecer reglas y normas instrumentales y lógicas que señalarán qué es o no, pertinente.

LOS RINCONES DE APRENDIZAJE O DE ACTIVIDAD

Aunque son muchas las propuestas metodológicas que existen para organizar las actividades pedagógicas en el aula, los espacios o técnicas propias de los *rincones de actividad o trabajo* tienen significativa importancia en el desarrollo de los proyectos de aula. Tradicional e inicialmente, estas modalidades se asociaron con la educación infantil, pero en la actualidad hacen parte de la educación secundaria y superior. Normalmente se han considerado los rincones de actividad como una forma de organizar el trabajo pedagógico en el aula y en general posibilitan la actuación libre y responsable de los alumnos en función de sus conocimientos, posibilidades, intereses y disposición. En algunos colegios y universidades las mesas, sillas y computadores se organizan en términos *rincones de actividad'*, es decir, espacios dedicados a un tipo de actividad que grupos de estudiantes realizan en un mismo periodo de clase. Por ejemplo, mientras algunos alumnos trabajan escribiendo un informe sobre el sistema digestivo del cuerpo humano, otro grupo trabaja recopilando información para escribir su informe. Algún grupo elabora gráficos sobre las tallas de los alumnos, mientras otro investiga sobre los grupos alimenticios o calcula los promedios de estatura o peso. La clase finaliza con una discusión plenaria sobre la relación entre las variables alimentación, talla, peso, crecimientos y sistemas del cuerpo humano.

¿Cuál es el papel del docente en este tipo de modalidad didáctica dentro del abanico de posibilidades que surge en los rincones de aprendizaje o de trabajo? Aquí el docente se convierte en un facilitador de un conjunto de iniciativas y actividades que suponen un acto de autonomía y de responsabilidad personal, pero que por razones obvias hay que optar por una. Esta elección va a depender de muchos factores: una técnica que se desea perfeccionar, un proyecto de investigación personal del cual se ignoran las consecuencias finales aunque se pueden plantear algunas hipótesis o simplemente una motivación socioafectiva. En algunos casos se parte de una actividad cooperativa y conjunta que requiere el aporte individual de cada uno. Los alumnos eligen libre y espontáneamente aquellas actividades que pueden ser organizadas en términos de rincones por parte del docente. Los *rincones colectivos* son organizados muchas veces en forma de talleres que es la construcción individual y colectiva del conocimiento. Pero estos rincones pueden ser *individuales*, donde los alumnos se enfrenten solos a unos espacios y a unas actividades en las cuales deben organizar, planificar y realizar sus propias actividades. En general, los rincones buscan favorecer la autonomía personal, la organización del trabajo, la toma de decisiones, las relaciones y la comunicación.

Son numerosas las experiencias en el campo de la lingüística y en la enseñanza de las lenguas donde se utiliza la técnica de los rincones. A través de mapas, murales, fichas, juegos, banderas y libros los alumnos se ponen en contacto con diversos espacios y materiales relacionados con culturas y lenguas diferentes lo cual aporta a los estudiantes una visión más amplia de distintos países y culturas. En cada caso se utilizan metodologías y técnicas muy variadas: orales, búsqueda de información, escritas, plásticas, lúdicas, etc.

EL GRUPO DE TRABAJO: LA POBLACIÓN OBJETO DEL PROYECTO

El objeto del proyecto es, naturalmente, aquel grupo de estudiantes que participa en las actividades y la vida social, institucional y pedagógica del aula. Si bien en un proyecto de aula se realizan numerosas actividades destinadas a asesorar individualmente a muchos de los estudiantes, el trabajo del proyecto de aula es una actividad de grupo en donde los estudiantes tienen una activa participación. Es, en esencia, un proceso de construcción colectiva y permanente de relaciones, conocimientos y habilidades que se van estructurando a través de un problema o de un tema determinado. En la búsqueda de diferentes alternativas de solución, la población se constituye en un equipo que reflexiona, analiza, discute, explora, investiga y plantea hipótesis. Generalmente este grupo es dirigido y orientado por el docente y en la medida en que vaya tomando cada vez más conciencia sobre sus responsabilidades académicas y sociales, y conozca más y mejor las técnicas y métodos de trabajo, puede dirigir y orientar sus propios proyectos, que en últimas es uno de los propósitos principales de cualquier proyecto de aula.

Es difícil tipificar una población que se nos presenta con características diferentes (diversos niveles académicos, edades, condición socioeconómica y cultural). Cada grupo de acuerdo a esta diversidad social, académica o de edad, establece unas pautas de acción propias, que es importante identificar y dilucidar si se aspira a llevar a la práctica un proyecto de aula. Lo ideal es formar grupos pequeños y homogéneos porque son más funcionales y más fáciles de orientar y dirigir. Los grupos demasiado grandes desbordan toda medida de control y de trabajo pedagógico.

El trabajo de diagnóstico está dirigido a conocer mejor la población con la cual se va a trabajar en un proyecto. Supuestamente no se justificaría este trabajo previo porque un maestro conoce muy bien a los estudiantes con los cuales trabaja. No estamos seguros si realmente ha tenido la oportunidad de conocer a los estudiantes como grupo o si ha tenido algunas experiencias similares o diferentes a las acostumbradas en las clases ordinarias. Si se está acostumbrado a trabajar como grupo integrado y coherente se facilitará cualquier iniciativa orientada, pero, si los estudiantes apenas constituyen una suma indiscriminada de personas, una de las tareas prioritarias será crear una conciencia de trabajo colectivo a través de este tipo de experiencias.

No es fácil la tarea de constituir grupos de trabajo, porque para su configuración no basta que exista un número determinado de personas sino necesariamente habrá que alcanzar unos niveles de interacción y un equilibrio entre lo individual y lo colectivo, entre lo afectivo y lo racional, entre lo universal y lo particular, entre la especialidad y la difusión. En un medio donde la supuesta comunicación entre las personas se da tradicionalmente en términos de imposición de formas y conductas, de ejercicio de autoridad o de transmisión de información, constituir una comunidad de intereses afectivos, sociales, culturales e intelectuales es una tarea prioritaria de la educación. Esta plena comunicación se alcanza cuando existe el diálogo, la discusión, el análisis y la comprensión colectiva entre docentes-estudiantes y entre los propios estudiantes. El aula es una esfera de relaciones comunicativas en donde el docente y el estudiante, a pesar de sus diferentes roles y funciones, tienen la oportunidad de alcanzar unos niveles de interacción que los pueden conducir a crear una auténtica comunidad de intereses.

Pero hay que recordar que los grupos no nacen por generación espontánea, sino que son el resultado de intereses, tareas y objetivos compartidos por el conjunto de personas que integran el grupo. Existe una fuerza que mantiene unidos a los miembros de un grupo, facilitando el logro de su objetivos. Con ello se está constituyendo una estructura nueva, diferente a la mera sumatoria de las personas que la integran. Esta cohesión se logra si existe una fuerza que actúe sobre sus miembros y que permita que estos se mantengan en el grupo o se mantengan unidos. Es decir, estos propósitos, intereses, necesidades o expectativas son las fuerzas aglutinantes del grupo.

Si bien la comunicación y las fuerzas cohesionadoras son determinantes en la constitución de un grupo de trabajo, este para su funcionamiento requiere unas normas que lo orienten y regulen, bien sean orales o escritas. Este conjunto de normas genera códigos de comportamiento que condicionan las conductas de los integrantes de un grupo y a las cuales deben someterse todos los miembros de este, de lo contrario el grupo no podrá actuar coordinada y orgánicamente. Si bien cada clase tiene normas, pautas y códigos generales que orientan y organizan su trabajo, muchas veces cada proyecto de aula puede exigir sus propias normas según los propósitos que se proponga y el tipo de actividad que realiza.

Al referirnos al tema de los diversos roles que se dan al interior de un grupo, estamos aludiendo a los niveles de responsabilidad que le corresponda asumir a sus integrantes en el contexto de un grupo y, en general, al lugar que ocupa en este. El rol es una función y a su vez el nivel de aceptación externa que posee cada miembro en el grupo. Muchas veces los alumnos encarnan su rol de acuerdo al clima o las condiciones subjetivas que existan en el grupo al cual se encuentran integrados, salvo que la personalidad del estudiante sea por naturaleza dominante o con tendencia hacia el liderazgo. Es importante conocer estos aspectos, ya que de ello va a depender el nivel de participación, responsabilidad e interacción de los estudiantes en el desarrollo del proyecto.

La diversidad y los agrupamientos flexibles

En un contexto en donde las sociedades son cada vez más dialógicas y las principales teorías sociales y educativas también lo son, a nivel educativo esta situación implica que el diálogo, la comunicación y la interacción entre los diferentes integrantes y agentes de la escuela y la comunidad tienen una importancia fundamental. Actualmente lo que aprende el niño depende cada vez menos de lo que sucede en el aula, en cambio ocupan un lugar privilegiado las relaciones que se establecen entre el aula, la familia y la realidad social. Este cambio plantea la necesidad de transformar las escuelas y el aula en verdaderas *comunidades de aprendizaje*. Las agrupaciones flexibles y los grupos interactivos son unos de los elementos de este proceso general de transformación que van a tener gran importancia en el momento de realizar los proyectos de aula. Todo esto nos plantea numerosos retos que las instituciones educativas no siempre han querido asumir. Uno de ellos es la dificultad para abordar y resolver pedagógica y socialmente el problema de la diversidad en el aula. En la mayoría de los establecimientos públicos el alumnado es heterogéneo social, psicológica, intelectual, cultural, económica y físicamente. La cuestión es cómo manejar esta diversidad sin que individual y grupalmente se afecte el rendimiento y la formación de los estudiantes. Aquí entra el tema de las agrupaciones flexibles y los grupos interactivos que buscan por caminos diferentes evitar la exclusiones, las discriminaciones y ayudar a superar los problemas de convivencia.

El tema de la *diversidad* es reciente y solo en estas últimas décadas se ha convertido en una cuestión debatida en la educación. Hasta hace poco tiempo la diversidad no era prácticamente tenida en cuenta en el sistema educativo. El distinto rendimiento entre el alumnado era en general atribuido a la capacidad intelectual, entendida como un atributo innato y estático. A los alumnos que presentaban problemas simplemente se les enviaba a las aulas de educación especial o a los cursos remediales, o simplemente se les marginaba en el aula. Hoy, en cambio, existe un especial interés por reconocer la diversidad entre las personas porque se parte del principio de que los alumnos son diferentes en intereses, personalidad, estilos de aprendizaje, motivación, ritmos de aprendizaje, género, edad, condición socioeconómica, cultura, conocimientos previos, etc. A este tipo de diversidad se le adicionan las minorías étnicas, lingüísticas, religiosas, inmigrantes, grupos de riesgo, etc. Desde esta perspectiva, la atención a la diversidad se confunde con la propia educación multicultural.

Diversas soluciones se han propuesto para atender y resolver esta diversidad, todas ellas desde planteamientos teóricos diferentes. Algunos creen que la solución está en la existencia de un currículo abierto y flexible que sirva de sustrato y que le dé sentido a todo un conjunto de actuaciones orientadas en esta dirección. La atención a la diversidad conduce a las adaptaciones curriculares, es decir, realizar ajustes o modificaciones a los diferentes elementos de la oferta educativa común para dar respuesta a las diferencias individuales del estudiantado. Usualmente se habla de dos tipos de adaptaciones curriculares, unas *significativas* y otras *no significativas*. Las primeras eliminan contenidos esenciales o nucleares u objetivos generales que se consideran básicos en las diferentes áreas curriculares y, modifican los respectivos criterios de evaluación. Las no significativas consisten en la eliminación de alguna parte no esencial de un programa de tal forma que no influya significativamente en los objetivos, contenidos, metodología y evaluación.

Erróneamente muchas veces se confunden términos como *diversidad e igualdad, los* cuales no son opuestos sino correlativos y complementarios. A pesar que lo opuesto a la diversidad sería la "uniformidad" y lo opuesto a la igualdad solo podría ser la desigualdad, la diversidad es algo consustancial al género humano que los sectores racistas y discriminatorios pretenden convertir en sinónimo de desigualdad, que tiene orígenes sociales y culturales.

Otros creen que la respuesta está en la flexibilización metodológica, la cual involucra todo un conjunto de métodos, técnicas, lenguajes y actividades que orienten los aprendizajes significativos, globalizados e interdisciplinarios. Aquí intervienen los mecanismos propios de las agrupaciones flexibles con las variantes características del trabajo cooperativo, individual y autónomo, alternancia de agrupamientos, globalización del aprendizaje, etc.

¿Qué son las *agrupaciones flexibles* y qué utilidad tienen para los proyectos de aula? En primer lugar, habría que decir que el término "flexible" se ha prestado a muchos equívocos y confusiones, ya que no todo lo que se reconoce como flexible realmente lo es. Tradicionalmente se afirma que una persona es "flexible" si se acomoda con facilidad a circunstancias o a situaciones diferentes. Lo contrario es lo rígido y lo estático, es decir aquello que es incapaz de adaptarse a condiciones diferentes. Por ejemplo, en el contexto educativo un currículo rígido es aquel que no admite cambios ni modificaciones y cuyos objetivos, procesos, procedimientos y contenidos permanecen inalterables cualquiera sea la circunstancia o la condición en donde actúe. Una realidad dinámica y en permanente cambio donde se modifican con mucha facilidad los tiempos, espacios, ambientes y condiciones del conocimiento, exige programas, currículos y procedimientos que estén a la altura de estos cambios, de lo contrario no responderán a las necesidades educativas y pedagógicas de la realidad donde se actúa. Hay que recordar que en el campo curricular se han enfrentado tradicionalmente dos posiciones extremas: la que privilegia un tipo de currículo centrado en torno a un conjunto de unidades didácticas y objetivos específicos, cerrado y construido en términos instruccionales y, uno más libre, flexible y que nos presenta un abanico de posibilidades y alternativas en el ámbito de contenidos y formas de trabajo. Algunos autores creen que lo ideal sería establecer un equilibrio entre los dos enfoques, porque por un lado el primero se desactualiza fácilmente, estandariza los saberes y su inmovilismo coarta cualquier cambio o innovación. El segundo enfrenta numerosos obstáculos porque se hace difícil plantearse una flexibilización amplia y sin límites cuando se enfrenta a una realidad masificada. Los riesgos de un caos, confusión o descontrol son evidentes.

El caso de los currículos se repite en los grupos, donde también existen unidades abiertas y cerradas, flexibles y rígidas. Los grupos enfrentan numerosas contingencias que dificultan cualquier decisión, ya que existen grupos heterogéneos y homogéneos, grandes y pequeños que exigen estructuras y formas de trabajo diferentes. En determinadas ocasiones cuando las dificultades de aprendizaje son más generalizadas hay que recurrir a mecanismos diferentes. La diversidad es un principio que se debe respetar, particularmente cuando se deben desarrollar las mismas capacidades siguiendo itinerarios con contenidos diferentes. Para diversos autores como Tourraine no son necesariamente excluyentes ni contradictorias algunas categorías duales como heterogéneo-homogéneo. Aunque existen condiciones que lo favorecen, no siempre los grupos heterogéneos son sinónimo de flexible y los homogéneos de rígidos. Existen en los primeros, casos que se destacan por su unidad y coherencia a pesar de la diferencia en la población. En cambio, grupos homogéneos que carecen de esta unidad e integración.

Por medio de los grupos flexibles se busca articular la igualdad con la diversidad, recordando que la igualdad social y educativa no son contradictorias sino al contrario, surgen como la necesidad de contar con la diversidad personal y cultural en un mismo núcleo o experiencia y con la conveniencia de valorarla como simple enriquecimiento colectivo. Así como la diversidad no podemos entenderla como el maquillaje de la segregación y de la discriminación, tampoco hay que convertir la igualdad en una herramienta de uniformidad. Dos principios resumen estas relaciones: *igualdad para vivir, diversidad para convivir y unidad en la diversidad.*

Las agrupaciones flexibles no son las únicas alternativas frente al tema de la diversidad, sino también se hace referencia a la educación intercultural y al aprendizaje cooperativo. Aunque muchas veces se busca confundir la acción de las agrupaciones flexibles con la propia de la educación intercultural, ambas poseen aspectos muy diferentes. Según Pieter Batelaan lo criterios principales de la educación intercultural serían los siguientes:

- La creación de un equilibrio entre los diferentes propósitos de la educación (capacidad, desarrollo cultural, social y personal).

- La posibilidad de comunicar y cooperar en grupos heterogéneos.

- Proporcionar oportunidades iguales para la participación en la interacción del aula:

  a) La creación de condiciones qua hagan posible la participación de todos los estudiantes en el proceso educativo.

  b) Tomar en cuenta el conocimiento y habilidades de todos los niños: sus habilidades de lenguaje, su conocimiento cultural, sus diferentes habilidades y aptitudes individuales.

El plan de estudios debe necesariamente reflejar la realidad de la sociedad multicultural y el currículo presentará el conocimiento desde diferentes perspectivas.

El aprendizaje cooperativo

Del camino hacia la solución de los problemas propios de la diversidad hacen parte el trabajo en grupo y el aprendizaje cooperativo. El término de *trabajo en grupo* tradicionalmente se ha asociado con la actividad de los grupos pequeños que se organizan en el aula de manera que permitan realizar tareas conjuntas y compartidas. El aprendizaje cooperativo pertenece a esta categoría de trabajo en grupo, pero aquí hay que señalar que no todo trabajo en grupo es necesariamente un aprendizaje cooperativo. ¿Qué es el aprendizaje cooperativo? Para algunos autores es una estrategia de gestión de aula que privilegia la organización del alumnado en grupos heterogéneos para la realización de tareas y actividades de aprendizaje en el aula. Se pueden identificar por lo menos dos corrientes de investigación en torno al aprendizaje cooperativo. Una es la corriente norteamericana del *Cooperative Learning,* que a pesar de sus planteamientos conductistas ha desarrollado una gran cantidad de formas e instrumentos de trabajo que favorecen la actividad cooperativa. La otra corriente es la francesa que se asienta en el principio de "Contrat didactique" desarrollado particularmente por H. Preszmycki, de la cual hablaremos más adelante.

Según Spenser Kagan (1990)

> *el aprendizaje cooperativo es el uso instructivo de grupos pequeños para que los estudiantes no solamente trabajen juntos sino que aprovechen al máximo el aprendizaje propio y el del grupo. Posibilita el aprendizaje a través de la discusión y resolución*

*de problemas, de compartir sus habilidades sociales
y comunicativas[5].*

Kagan resume la idea central de sus planteamientos en una frase que podría entenderse como una afirmación derivada de la perspectiva de la complejidad, cuando dice que *la suma de las partes interactuando es mejor que la suma de las partes solas.*

A juicio de R. E. Salvin las características del aprendizaje cooperativo serían las siguientes:

- El paso de una estructura de recompensa competitiva a una cooperativa.

- El paso de una estructura de tarea individual a una estructura de tarea basada en la interacción de los estudiantes en pequeños grupos.

- El paso de una estructura de autoridad, centralizada en el docente, a otra basada en la autoridad de clase.

Son numerosos los autores que directa e indirectamente han contribuido a consolidar las ideas y los principios del aprendizaje cooperativo, entre los cuales habría que citar inicialmente a L. S. Vygotski que otorga gran importancia a los puntos de vista compartidos en el desarrollo cognoscitivo del individuo, Jean Piaget que pone énfasis en la cooperación como herramienta en la solución de conflictos cognoscitivos y, en las teorías del aprendizaje mutuo y las propias de la teoría social del aprendizaje de G. Claxon, y de Kagan, pero, principalmente los trabajos de R. E. Slavin. Según la profesora de la Universidad de Stanford, Elizabeth Kagan, el

---

5   KAGAN, Spenser (citado por Johnson, R. T. y Johnson, D, W. *Cooperative competitive and individualistic learning. Journal of Research and Development Education.* 12,1. USA, 1980).

aprendizaje cooperativo hace posible entender los conceptos que tienen que ser aprendidos a través de la discusión y resolución de problemas a nivel *grupal.*

> *Necesitamos incluir en nuestras aulas experiencias de aprendizaje cooperativo ya que muchas prácticas de socialización tradicionales actualmente están ausentes y los estudiantes no van al colegio con una identidad humanitaria ni con una orientación social basada en la cooperación. Las estructuras competitivas tradicionales del aula contribuyen con este vacío de socialización. De este modo los estudiantes están siendo mal preparados pera enfrentar un mundo que demanda crecientemente de habilidades altamente desarrolladas para ocuparse de interdependencia social y económica[6].*

Ella es una de las creadoras de la estrategia denominada *Instrucción Compleja* destinada a trabajar con grupos heterogéneos con el fin de lograr la participación óptima de los estudiantes que tienen papeles diferentes, alternos y responsabilidades en el grupo. En general su tarea fundamental es estimular y lograr la participación del *niño con bajo status* en la interacción grupal. Sus características principales serían:

- *Grupos heterogéneos*. La estrategia tiene como propósito lograr la cooperación estructural en grupos heterogéneos.

- *Concentración en asuntos de status*. Las diferencias de status entre los niños pueden ser el resultado de diferencias en el logro escolar, éxito en los deportes, la apariencia física, origen social, etnicidad, idioma, etc. El status determina a

---

6   KAGAN, Elizabeth. (Citado por RUE, J. El aula: *un espacio para la cooperación.* Biblioteca Aula. Graó, Barcelona, 1998).

menudo el nivel de participación en el proceso del aprendizaje y por consiguiente el éxito escolar.

- *Inteligencia y habilidades múltiples.* Llevar a cabo tareas con un grupo pequeño requiere habilidades intelectuales múltiples y personalizadas, porque la contribución individual de cada estudiante es importante.

- *Aprendizaje activo.* El aprendizaje se logra a través de la interacción. El proceso de aprendizaje está organizado de tal manera que los estudiantes aprenden cooperando entre sí. Las tareas tienen el propósito del aprendizaje conceptual.

- *El maestro como director y entrenador.* El papel del maestro o maestra es el de dirigir la interacción entre los estudiantes. El o ella observa y proporciona retroalimentación. La principal preocupación es el acceso igualitario para todos los estudiantes al proceso de aprendizaje, a través del uso que hace el maestro de métodos de *tratamiento del status.*

- *Delegar autoridad y responsabilidad.* La dirección implica delegar autoridad. Las normas cooperativas y los papeles del estudiante les permiten a los estudiantes ejercer exitosamente la responsabilidad cuando les es delegada.

Autores como Jonhson (1992) establecen las diferencias entre lo que él denomina aprendizaje cooperativo y colaborativo dentro del aula. Si bien ambos conceptos se utilizan para referirse a fenómenos de construcción del aprendizaje, son diferentes aunque no son excluyentes o contradictorios sino por el contrario se complementan. Por medio del Aprendizaje Cooperativo es posible entender y preparar un tipo de organización del trabajo que permita obtener los resultados esperados de una actividad, sin embargo no permite explicar la forma mediante la cual se produce el aprendizaje. Por otro lado el Aprendizaje Colaborativo requiere comprender y coordinar una forma de aprendizaje basada en una construcción

84

colectiva, la cual a su vez está supeditada a una situación de aprendizaje desarrollada. La complementariedad de ambos procedimientos en una actividad de aula tiene su base en la interacción que se desarrolla. De esta forma se facilita la construcción de un ambiente activo y participativo de trabajo rompiendo con ello la estática de otras opciones de trabajo en el aula.

Si bien abundan los puntos de vista sobre el aprendizaje cooperativo, podríamos destacar algunas ideas centrales que nos permiten sintetizar algunos conceptos básicos sobre este tipo de aprendizaje. Serían las siguientes:

- La formación de grupos.
- La interdependencia positiva.
- La responsabilidad individual.

La primera idea referente a la formación de grupos tiene relación con la forma de abordar el trabajo en grupos cooperativos y las dificultades que debe superar. El alumnado llega a la clase con habilidades y conocimientos notoriamente divergentes, utiliza estrategias personales diferentes y, en general, no domina las competencias relacionadas con el *saber hacer* que tiene mucha importancia en el trabajo en grupo. Muchos problemas aparecen en el momento de conformar los grupos heterogéneos lo cual debe conducir necesariamente a la construcción de la identidad de estos grupos y evitar que estos se conviertan en una suma indiscriminada de personas. Valorar las individualidades y desarrollar la sinergia del grupo.

La otra idea relacionada con la "interdependencia positiva" supone que el aprendizaje de los miembros del grupo a nivel individual no es posible sin la contribución del resto del grupo. Esta no es una idea, sino una práctica que se debe ir dando progresivamente en el desarrollo de las actividades en grupo.

Finalmente la "responsabilidad individual" significa que los resultados del grupo dependen del aprendizaje individual de todos los miembros del grupo. Con ello se desea evitar que algún miembro del grupo no trabaje o que este trabajo se centre en una sola persona, como muchas veces sucede. Aquí cada individuo se convierte en la medida de la conciencia y de la voluntad colectiva del grupo y se transforma en un permanente critico y vigilante de la actividad del grupo.

Las ventajas del aprendizaje cooperativo no son puramente formales sino reales, entre las cuales podríamos destacar:

- Favorece la integración de todo tipo de alumnado.

- Aumenta el rendimiento en el proceso de aprendizaje.

- Amplia el campo de experiencia del alumnado y aumenta sus habilidades comunicativas.

Planeación de la fase operativa

A partir de la información recogida a través del diagnóstico, se debe pasar a la etapa de planificación de las acciones y actividades señaladas para el proyecto. Para llevar adelante esta planificación, el maestro puede plantearse la formulación de objetivos diarios, semanales o mensuales y unidades de trabajo a partir de algunas expectativas de logros, reorganizar contenidos de acuerdo con los criterios a adoptar: asignaciones de tiempo, selección, organización y secuenciación de actividades de aprendizaje y discusión de recursos didácticos. Finalmente debe incluir la selección y organización de las actividades de evaluación.

El proyecto de aula parte del conocimiento de la realidad para luego entrar a operacionalizar los componentes del trabajo pedagógico, con lo cual se busca dar respuesta a las preguntas: qué, cómo y cuándo enseñar y, qué, cómo, para qué y cuándo evaluar. Ellas, necesariamente, deben hacer parte de los procesos de planificación. Haciendo una recapitulación del proceso, hay que recordar que el diagnóstico o la investigación exploratoria nos permiten determinar las necesidades y los problemas prioritarios de carácter pedagógico del aula, lo cual posibilita definir en un análisis comparativo las intenciones educativas que deben realizarse en el aula. Los problemas detectados se transformarán en objetivo a fin de proponer situaciones que conduzcan a la solución de los mismos; esto se alcanzará mediante un conjunto de estrategias y acciones definidas que harán parte del proceso de planeación metodológica y técnica del proyecto de aula.

Para Odreman el proyecto de aula es un instrumento de planificación de la enseñanza que se debe ajustar a los componentes de un currículo y a las necesidades e intereses de la escuela y los estudiantes. Pero articular los dos aspectos no siempre es una tarea fácil porque ello exige articular dos estados diferentes como lo son la rigidez y la flexibilidad. Lo ideal es que el proyecto de aula se convierta en una opción integradora de los contenidos de la enseñanza. Este tipo de proyecto supone devolverle al profesorado el protagonismo que le corresponde y considerar al alumnado en torno al cual debe girar todo el proceso de enseñanza y aprendizaje.

Los medios y los instrumentos en el aula

Como ya lo señalamos anteriormente este es un tema para dedicarle un capítulo especial debido a la cantidad de medios e instrumentos que se involucran en un proyecto de aula. El *con qué* se refiere específicamente a los medios e instrumentos que permitirán hacer efectivo tanto los propósitos como los objetivos que se establezcan en cada caso, y acá existe una gran variedad de procedimientos y de medios que no tienen un valor "per se", sino de acuerdo a la forma cómo se utilizan y en el contexto en el cual se utilizan. Su eficacia además va a depender de la habilidad personal y del espíritu creador de quien la usa. El uso del medio o la técnica por sí solo no basta para obtener el éxito deseado.

¿Existen criterios o directrices para seleccionar estos medios y técnicas? Podríamos referirnos en términos de sugerencias, para no caer en precisiones demasiado categóricas y excluyentes. ¿Quién selecciona estos medios? Se parte del supuesto que es el maestro, ya que es él quien posee la experiencia y el conocimiento, pero la elección no debe decidirse de antemano antes de analizar y discutir las diversas posibilidades que existen en cada caso. Si bien el maestro puede proponer a los estudiantes todas aquellas alternativas que considere válidas para cada caso, es importante considerar los siguiente factores en el momento de realizar la elección:

- En función de los objetivos del proyecto.

- En función de la madurez, habilidades, experiencia, conocimientos e intereses del grupo.

- En función del tamaño del grupo.

- En función de las características de los miembros del grupo.

- En función de los niveles de participación del grupo.

- En función de las condiciones objetivas existentes, de los medios y del tiempo disponible.

- En función de la preparación y capacitación del docente.

Son numerosas las técnicas pedagógicas, o las dinámicas de grupo, como muchos las denominan, que intervienen en un proyecto de aula y también abundan las clasificaciones, quizás en un intento por sistematizarlas. Una de las mis difundidas es la realizada por G. Pérez Serrano:

- Técnicas de diagnóstico y de formación, para grupos.

- Técnicas en las cuales intervienen expertos.

- Técnicas en las cuales interviene activamente todo el grupo.

Son múltiples las funciones que cumplen las primeras. entre las cuales se incluyen:

- Provocar un cambio en las actitudes y creencias *(training group)* .

- Desarrollar las capacidades de análisis, de expresión y de creación personal (entrenamiento mental).

- Sensibilizar sobre un tema y motivar su interés (teatro en círculo).

- Mejor conocimiento personal (retrato-robot).

- Desarrollar la capacidad de análisis (diagnóstico de una situación).

- Desarrollar la observación y captación de distintos problemas reales (fotoproblema moral).

- Sensibilizar frente a problemas sociales (denuncias).

Las técnicas donde intervienen expertos se refieren a aquellas en donde el curso de las actividades está determinado por la participación del profesor o por especialistas que son invitados eventualmente a participar en algunas fases del proyecto o en todo su desarrollo. Tiene un carácter más directivo y se encuentra orientado por el docente —u otros expertos—, a quien le corresponde coordinar y guiar operativa o académicamente el proyecto. Cumplirían las siguientes funciones:

- Tratar un tema desde ópticas diferentes (mesa redonda).

- Obtener información y documentación sobre un tema (entrevista).

- Información y participación (simposio).

- Intercambiar puntos de vista (diálogo o debate público).

- Dialogar sobre un tema (panel).

En las técnicas donde interviene activamente todo el grupo se involucra a todos los miembros de este, quienes tendrán una activa participación en las diversas fases y actividades del proyecto. Sus funciones serían las siguientes:

- Fomentar la cooperación, analizar las causas y emitir un juicio (defensa de una tesis: debate).

- Intercambiar ideas e información (debate público o discusión guiada).

- Dialogar y discutir de manera informal (pequeño grupo de discusión).

- Conocer la opinión del grupo para decidir (Phillips 66).

- Comunicar e intercambiar ideas (cuchicheo).

- Discusión (foro).

- Reuniones especializadas de trabajo (comisión).

- Enseñar a prevenir sobre informaciones que pueden estar distorsionadas (clínica del rumor).

- Investigar en un ambiente de cooperación recíproca (seminario).

- Reducir o eliminar ciertos riesgos y temores (técnica de riesgo).

- Buscar decisiones diversas (estudio de casos).

- Crear ideas (branstorming o *lluvia de ideas)*.

- Prestar y recibir ayuda (acuario).

- Personalizar un tema y tomar partido ante el mismo (sesión de tribunal).

- Buscar soluciones a problemas mediante la cooperación (racimo).

- Desarrollar la colaboración (cuadrados).

- Aprender a escuchar (eco).

- Desarrollar la creatividad, atención y el diálogo (rotación ABC).

- Potenciar la comunicación y la creatividad (emisión radio-fónica).

Todas estas técnicas y procedimientos son apenas algunos de los tantos medios que se acostumbra utilizar en este tipo de proyectos, las cuales podemos extender a otras técnicas que pueden ayudar a cuestionar el funcionamiento de una comunidad educativa, iniciar a los estudiantes en las actividades de grupo, cohesionar el grupo

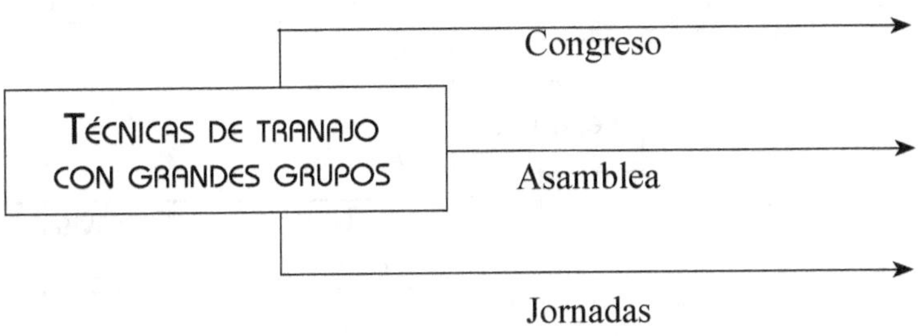

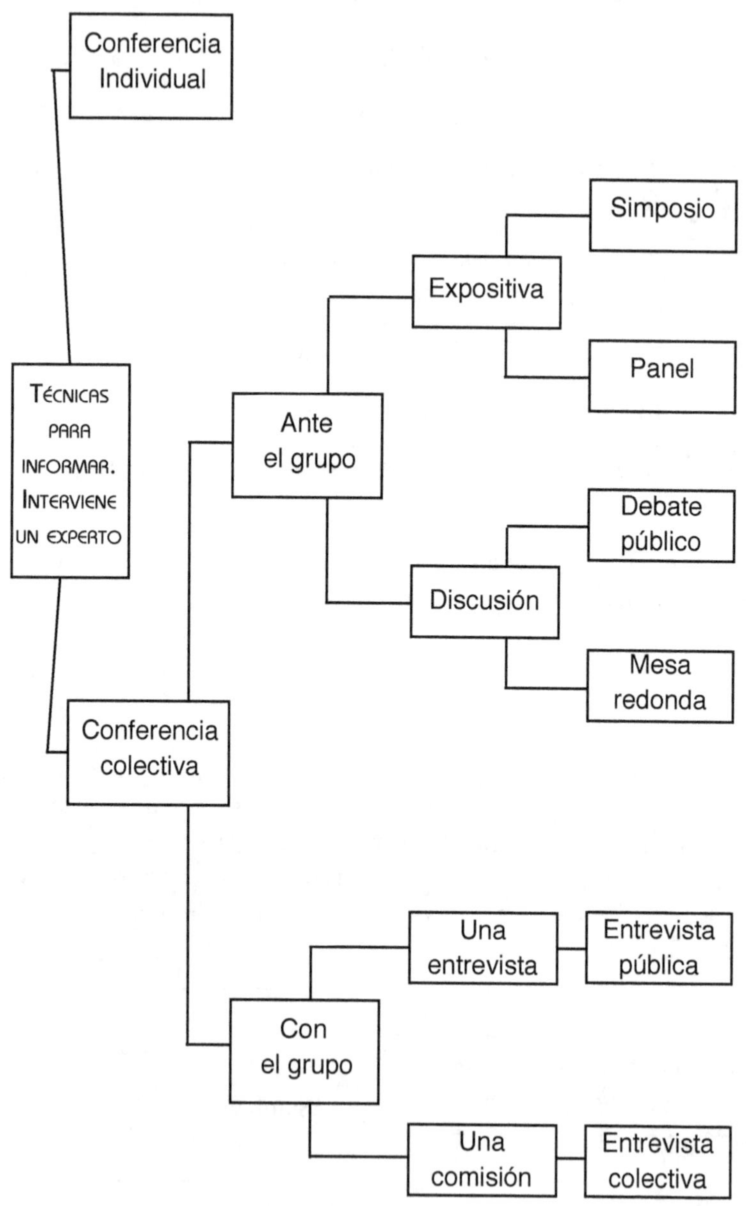

Conferencia Individual
TÉCNICAS PARA INFORMAR. INTERVIENE UN EXPERTO
Conferencia colectiva
Ante el grupo
Expositiva
Simposio
Panel
Discusión
Debate público
Mesa redonda
Con el grupo
Una entrevista
Entrevista pública
Una comisión
Entrevista colectiva

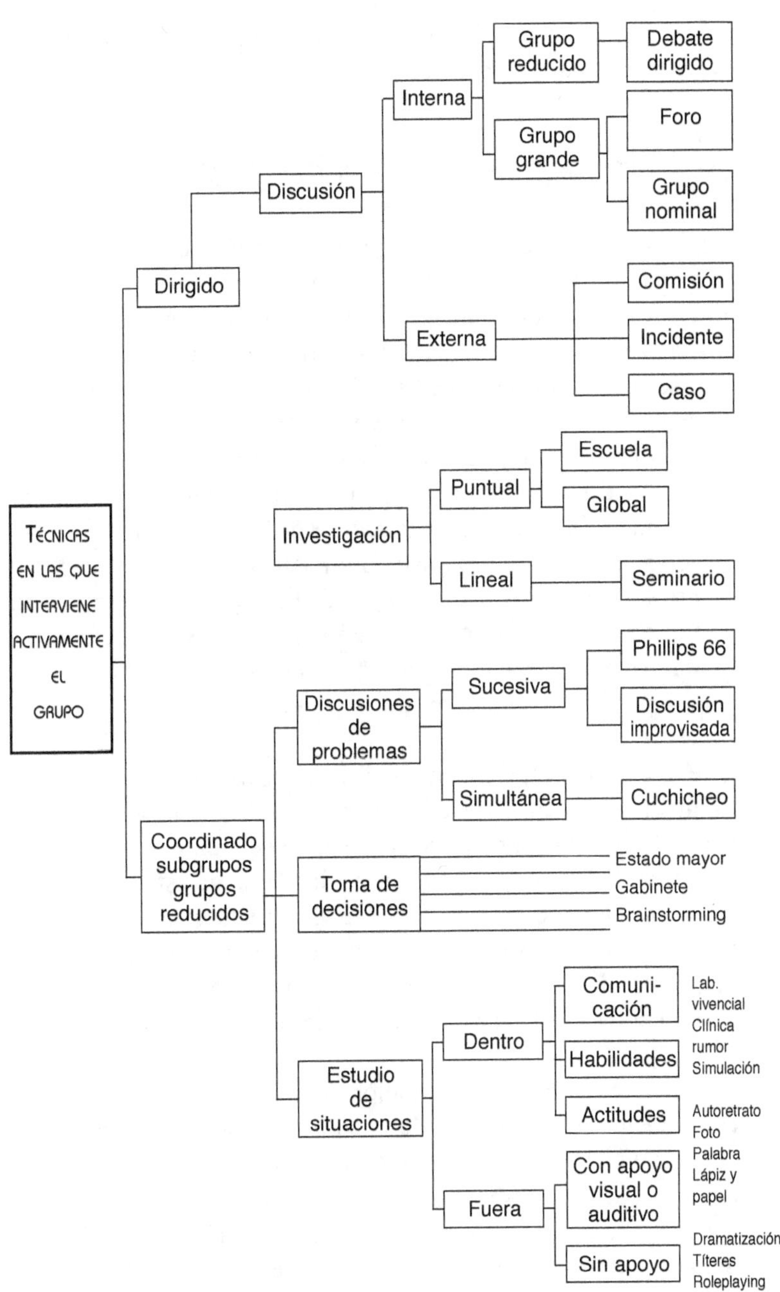

TÉCNICAS EN LAS QUE INTERVIENE ACTIVAMENTE EL GRUPO
Dirigido
Discusión
Interna
Grupo reducido
Debate dirigido
Grupo grande
Foro
Grupo nominal
Externa
Comisión
Incidente
Caso
Coordinado subgrupos grupos reducidos
Investigación
Puntual
Escuela
Global
Lineal
Seminario
Discusiones de problemas
Sucesiva
Phillips 66
Discusión improvisada
Simultánea
Cuchicheo
Toma de decisiones
Estado mayor
Gabinete
Brainstorming
Estudio de situaciones
Dentro
Comunicación
Lab. vivencial
Clínica rumor
Simulación
Habilidades
Actitudes
Autoretrato
Foto
Palabra
Lápiz y papel
Fuera
Con apoyo visual o auditivo
Sin apoyo
Dramatización
Títeres
Roleplaying

en las diversas etapas del proyecto, facilitar la producción grupal, evaluar el trabajo grupal, etc.

LA PARTICIPACIÓN EN UN PROYECTO DE AULA

Cualquiera sea la capacidad organizativa y técnica que se posea, esta será insuficiente y puede hacer fracasar un proyecto de aula si no se alcanzan óptimos niveles de participación en el desarrollo de sus actividades, porque en últimas un proyecto de aula debe constituirse en la medida de una participación deliberada, organizada, eficiente y decisiva, particularmente, por parte de los estudiantes. De lo contrario, no se justifica promover proyectos que terminan por convertirse en actos donde todas las decisiones se centran en el docente. Hay que recordar que un proyecto es una actividad que debe estimular y promover la iniciativa personal y colectiva, desarrollar la creatividad, la capacidad para resolver problemas y el interés por la búsqueda y, para existan estas condiciones es fundamental que los integrantes del grupo tengan la oportunidad de compartir todo al interior de un proyecto de aula.

Este tipo de participación necesariamente debe extenderse a todos los niveles e instancias de un proyecto de aula. Desgraciadamente, el uso del término se ha vanalizado hasta el extremo de convertirlo en un verdadero juego de apuestas donde no se está seguro qué alcances tiene este en la práctica. Muchos rechazan la participación abierta y libre del estudiante, porque aún siguen prisioneros de los viejos prejuicios del pasado que continúan estableciendo una gran barrera entre los dos actores principales del proceso educativo.

Sin el ejercicio de la participación cualquiera sea su modalidad, es imposible el desarrollo de un proyecto de *aula*. *Participar,* *como* indica la etimología del término, no sólo es *tener parte* en una cosa, sino "decidir" sobre algo. Es decir, se trata de un acto ejercido por un sujeto/agente que está involucrado en un ámbito en donde puede tomar decisiones. En la escuela tradicional participar ha significado aceptar tareas asignadas por otros, colaborar en las obras de ejecución, es decir una participación casi simbólica.

Todos coinciden en los problemas y conflictos que ha generado el término *participación, no s*ólo en el caso específico del aula sino en todas las actividades educativas y sociales en general. No podemos olvidar los alcances y consecuencias que tienen las relaciones de poder dentro del aula y la institución educativa, donde el autoritarismo, la dependencia o el castigo pueden destruir todo proceso de interacción o equilibrio dentro del trabajo pedagógico del aula. Quizás debido a la amplitud del término y que en la práctica puede tener significados muy diferentes para las personas, se dificulta la tarea de caracterizar y destacar algunos de los aspectos más significativos. Veamos algunos de los más aceptados en el contexto escolar.

- Compartir directa o indirectamente las decisiones.

- Compartir las instancias del hacer y del deber hacer.

- Definir y redefinir los problemas según los intereses y necesidades del grupo.

- Descubrir las necesidades o efectuar su diagnóstico con el propósito de evitar cualquier discriminación o arbitrariedad en este terreno.

- Fijar objetivos, metas y logros compartidos.

- Organizar y participar en las tareas de ejecución.

- Evaluar y ajustar teniendo en cuenta que las decisiones serán tomadas a partir del consenso o de la mayoría.

- Compartir la información disponible.

- Reflexión y discusión democrática de los problemas y decisiones del grupo.

- Crear mecanismos democráticos que faciliten que cada uno sea respetado y tenido en cuenta.

- Construir normas, deberes y derechos que hagan posible una mejor convivencia al interior del grupo, y entre éste y los demás grupos.

Tradicionalmente se mencionan tres tipos básicos de participación, los cuales puede tener diversos niveles de aplicación y uso en un proyecto de aula. Son los siguientes:

- Participación en la información.

- Participación como consulta.

- Participación en la decisión.

- Participación en el control.

Lo ideal es que a los estudiantes se les mantenga informados de todas las decisiones que se tomen, aunque ellos necesariamente no participen directamente en la toma de decisiones. Es decir, el grupo debe estar informado de todo el proceso que antecedió a las decisiones, de lo contrario se les está negando un principio que es inseparable de cualquier proceso participativo. También se hace referencia a la participación facultativa en donde sólo participa si así les parece a quienes tienen el poder de decisión, en este caso el docente. Pero también existe la consulta obligatoria cuando dentro del grupo hay disposiciones que obligan a ello. Lo ideal es que la participación alcance hasta los niveles propios de la toma de decisiones, la cual se convierte en un acto realmente democrático y compartido, o sea, que el estudiante, al interior del aula, tenga acceso a una participación en todos los niveles de las decisiones.

Una garantía de éxito para un proyecto de aula es alcanzar adecuados niveles de participación, por eso algunos autores consideran que tanto la *cogestión* como la *autogestión* son los grados de participación más óptimos en estos casos. En la primera se establecen algunos mecanismos de co-decisión y de colegialidad que son importantes en el éxito de estos proyectos. En la segunda cada uno interviene directamente en la toma de decisiones conforme a lineamientos establecidos por el grupo y personas involucradas. En algunos casos los estudiantes asumen toda la responsabilidad en un proyecto, y el maestro es sólo un orientador y un asesor del grupo.

En una institución educativa todas las instancias de intercambio tanto para la toma de decisiones como para la gestión de proyectos, están signadas por la consideración de la especificidad del *saber hacer* de cada uno y del rol que ocupa en la institución, lo cual implica reconocer las diferencias y articularlas en el proyecto común. Este fenómeno se da en el caso del aula, donde no se debe caer en un ingenuo "igualitarismo" que deforma la participación entendida como complementación de las diferencias. De estos planteamientos podemos deducir que los integrantes del grupo deben participar desde su lugar y de acuerdo a sus competencias específicas y que se aprende a participar participando, o sea en el proceso y en el ejercicio de la participación.

Capítulo 3

La investigación como una actividad en el aula

El tema de la investigación en el aula no es nuevo ya que numerosos autores en distintas épocas han destacado la importancia que posee esta como parte de un proceso de articulación que debe darse entre la investigación y la pedagogía, entre la formación pedagógica y la producción de conocimientos, pero fundamentalmente entre la teoría y la práctica. En el caso especifico de los proyectos de aula la problemática de la investigación no ha sido ajena a esta cuestión y en torno a la cual existen numerosas posturas. La mayoría de las instituciones oficiales y académicas no reconocen el trabajo investigativo realizado por estudiantes bajo la dirección de un docente-investigador como *investigación propiamente dicha, la c*ual sólo es posible cuando es realizada por investigadores con formación y experiencia en este campo. La aceptan como parte de una formación pedagógica de los estudiantes, pero le niegan el *status de* investigación científica. En la práctica hemos podido comprobar que muchos estudios adelantados por estudiantes al interior del aula, que a pesar de no tener la sofisticación metodológica y estadística de algunos trabajos realizados por profesionales de la investigación, tienen muchas veces más relevancia y utilidad que estos.

Y en torno al tema surgen muchos interrogantes: ¿Existe interés del profesorado para realizar investigación? ¿Cuáles son las facilidades que se le brindan al maestro? ¿Existe algún plan o programa de formación metodológica y técnica que contribuya al fomento y a la formación del profesorado en este campo? ¿Existe aún la creencia que quienes deben investigar son los investigadores y que el maestro común no esta preparado para hacerlo?

No existe tradición investigativa entre el personal docente y, salvo excepciones, este ha permanecido ajeno a una actividad que no hace parte de su quehacer pedagógico. Más aún, el maestro percibe la investigación como una actividad propia de un grupo de superespecialistas y muy lejos de sus posibilidades académicas y capacidades personales. Él apenas se siente como un simple consumidor de aquellos conocimientos que son producidos por los investigadores. Algunos creen que se debe adelantar un proceso de "desmitificación" de la investigación y hacer toma de conciencia que cualquier persona con una poco de rigor, conocimiento básico y mucha voluntad, *podrá hacer investigación.*

De todo ello se puede deducir que en los proyectos de aula la investigación va a tener dos funciones muy claras: producir nuevos conocimientos y desarrollar una actividad pedagógica necesaria para la formación científica, técnica y cultural del estudiante. Y es acá donde discrepamos con muchos criterios actualmente dominantes sobre la imposibilidad de articular lo formativo y lo productivo en el campo de la investigación. Al margen de cualquier propósito o intencionalidad pedagógica que se proponga, cualquier actividad investigativa se constituye, de hecho, en una experiencia formativa. En la práctica se ha demostrado que los estudiantes con una formación básica en metodología de la investigación, con el apoyo de la institución educativa y con una orientación inteligente por parte del docente-investigador pueden alcanzar excelentes resultados.

Son numerosos los tipos o modalidades de investigación que se pueden utilizar en el contexto de un proyecto de aula, pero particularmente la investigación etnográfica, acción participativa y estudio de casos son las más utilizadas por los docentes- investigadores. Pero no son las únicas, ya que el aula no ha permanecido ajena a las históricas controversias existentes entre los partidarios de los paradigmas cuantitativos y los cualitativos, cada uno de ellos con su propia forma de ver, percibir y resolver el tema del conocimiento. Hoy en día prácticamente las contradicciones entre estos paradigmas se han superado debido a que en la actualidad existe la tendencia a integrar y complementar los métodos y técnicas pertenecientes a uno y otro paradigma.

LAS TÉCNICAS SOCIOMÉTRICAS

El creador de la Sociometría es el médico rumano Jacobo Moreno quien fue uno de los pioneros en los intentos por medir las relaciones interpersonales y los comportamientos de los grupos sociales. Independientemente de los niveles de aceptación que esta tenga en el campo científico, no hay duda que esta disciplina revolucionó un campo que tradicionalmente se había resistido a la medición y a la cuantificación, probablemente debido a las características tan propias del fenómeno social. Por medio de tests y técnicas proyectivas fue posible graficar delimitar y cuantificar los comportamientos y relaciones intra y extrasociales de los grupos.

La sociometría mediante una serie de técnicas como el sociograma, el test sociométrico o de lecciones espontáneas, los tests de rol, el test de expansividad afectiva y numerosas más entró a profundizar las relaciones entre los grupos, sus conflictos, su estructura y las ideologías colectivas. El aula ha ocupado un lugar importante en estos estudios, particularmente los diversos tipos de interacciones en especial las denominadas *cadenas de interacciones, que son* secuencias completas de comportamientos dados entre docentes y estudiantes al interior del aula. Prácticamente el aula de clases se transforma en un lugar casi natural donde se dan este tipo de relaciones.

A través de la elaboración de sociogramas, que son representaciones gráficas de las matrices sociométricas y de los datos recogidos por medio de los tests sociométricos, es posible caracterizar la población estudiantil de un aula determinada. Gracias al sociograma un docente puede responder las siguientes preguntas:

- ¿Quiénes son los alumnos líderes en el curso?

- ¿Quiénes son los estudiantes no aceptados en el curso?

- ¿Quiénes son los alumnos aislados en la clase?

- ¿Cuál es el grado de conflictividad y cohesión en el curso?

- ¿Quiénes se rechazan mutuamente?

- ¿Quiénes se atraen mutuamente?

- ¿Cuál es la posición relativa de cada alumno en el curso (status sociométrico)?

Con esta información el profesor sabrá:

- ¿Qué alumnos requieren asistencia personal para prevenir problemas futuros?

- ¿Qué alumnos tienen mayor influencia en el curso?

- ¿Qué hacer para influenciar mejor al curso?

- Conocer en detalle la situación de cada alumno según la evaluación sus compañeros.

- Prevenir relaciones de violencia (matonaje y de abuso) en el curso.

¿En que consiste el test sociométrico? Este plantea cuatro tareas iniciales:

- Formulación de preguntas a todos los miembros del grupo: ¿a quién elegirían como compañero para hacer las tareas, jugar, pasear, etc.? ¿A quién no elegirían?

- Aplicación del test al grupo. Se le entrega a cada miembro una hoja con las preguntas correspondientes.

- Elaboración de la matriz sociométrica. En un cuadro de doble entrada se incluyen todo los nombres que deben elegir los estudiantes. Se suman los puntajes para determinar la elección.

- Elaboración del sociograma. Es la representación gráfica de la matriz sociométrica y nos va a indicar los niveles de rechazo y de aceptación de los nombres incluidos.

Como ya lo anotamos anteriormente la representación gráfica va a señalar los niveles de dominio de cada una de las estructuras de la población estudiantil: estrellas, aislados, olvidados, rechazados, pares, pandillas, cadenas y filtros.

Hoy en día los especialistas en este tipo de técnicas sociométricas han creado un sofisticado sistema de símbolos, representaciones, matrices y gráficos con el que aspiran a medir y representar matemáticamente todas las instancias y modalidades del grupo social y, en particular, del aula de clase. Aunque se siguen aplicando las técnicas de Jacobo Moreno, han surgido otras nuevas que siguen teniendo las mismas limitaciones que las observadas en el sistema creado por el psiquiatra rumano. Desgraciadamente para la aplicación de estas técnicas se requiere una actitud favorable y comprensiva del grupo, lo cual no siempre existe. Por otra parte, estas reflejan una elección del momento, es decir, preferencias circunstanciales que no siempre son representativas de la real configuración del grupo. No siempre son estables la interrelaciones de los estudiantes de un aula, ni tampoco se pueden reducir las actitudes de los estudiantes a una atracción y una repulsión categórica hacia los compañeros. Lo bueno de estas técnicas es que nos ayudan a organizar y a sistematizar mejor las observaciones y la información recogida de la población estudiantil. De ahí la conveniencia de combinar el trabajo propio de otras técnicas más cualitativas, como por ejemplo las propias de la etnografía, acción participativa y estudio de casos.

LA INVESTIGACIÓN ETNOGRÁFICA COMO HERRAMIENTA EDUCATIVA EN EL AULA

Así como la investigación, acción participativa, con los años se fue despolitizando, fue perdiendo su carácter militante al servicio de las luchas políticas y sociales y se incorporó como instrumento de apoyo al trabajo pedagógico y educativo, la etnografía que tradicionalmente se asoció con el trabajo de los antropólogos y los sociólogos, particularmente como herramienta descriptiva y de reconstrucción analítica de los escenarios y grupos culturales, en estas últimas décadas comienza a tener una significativa importancia como investigación de aula. Ella busca, muchas veces sin proponérselo, integrar en una misma persona dos funciones básicas del trabajo educativo: la producción de conocimientos y su aplicabilidad en la práctica educativa.

Durante estos últimos años el sueño ideal de nuestro sistema educativo siempre ha sido el conciliar la investigación con la pedagogía, la producción de conocimientos con su aplicación en el aula. Es decir, romper la barrera supuestamente infranqueable entre el productor y consumidor de conocimientos, particularmente tipificado por la presencia de un investigador que percibe el trabajo pedagógico como una labor puramente artesanal y un maestro repetidor de fórmulas y, pasivo receptor del trabajo del científico o del creador. La mayoría de los intentos por configurar la fórmula mágica docente-investigador o, quizás investigador-docente, con la cual se buscaba equilibrar la transmisión de conocimientos y la producción intelectual o científica, en la práctica fracasaron, y las causas se convirtieron en los lugares comunes de todas estas frustradas experiencias: falta de apoyo económico al trabajo de los docentes, ausencia de espacios académicos para este tipo de trabajo, prejuicios de los investigadores que consideraban la pedagogía como disciplina subsidiaria y secundaria, falta de formación teórica, metodológica y, técnicas de los maestros para asumir responsabilidades investigativas, etc.

Pero la ausencia de políticas y acciones institucionales que promovieran la articulación entre docencia e investigación, hizo tomar conciencia a muchos maestros sobre la necesidad de utilizar experimentalmente algunas técnicas que durante mucho tiempo se asociaron con disciplinas como la sociología y la antropología, y teóricamente con los paradigmas cualitativos. A diferencia del investigador externo y ajeno al trabajo pedagógico en el aula, el maestro poseía una experiencia propia y permanente la cual le permitía entender mejor los múltiples aspectos que rodean su actividad. De ahí la importancia que reviste para este el uso de algunas técnicas que le permitieran involucrarse directamente en el proceso pedagógico no sólo como docente, sino principalmente como investigador. Y, la investigación etnográfica con una concepción sobre un trabajo de campo *libre de supuestos y ataduras teóricas*, satisfacía las exigencias de una praxis pedagógica que demandaba acciones y procesos dinámicos. Para autores como Peter Woods la etnografía educativa

> *presenta condiciones particularmente favorables para contribuir a zanjar el hiato entre investigador y maestro, entre la investigación educativa y la práctica docente, entre la teoría y la práctica[7].*

El aula ha sido tradicionalmente el espacio donde se concentra el interés de los investigadores porque esta se ha convertido en un pequeño microcosmos en el cual se reflejan los fenómenos que participan en la escuela, en el proceso educativo y en el contexto donde se insertan. Su atención se ha centrado principalmente en el estudio de los procesos de interacción, las subculturas estudiantiles y naturalmente los procesos de enseñanza-aprendizaje, ya analizados anteriormente. Hace algunas décadas los enfoques cuantitativos fueron las únicas alternativas de investigación que se dieron en la escuela, particularmente técnicas de observación estructurada, pruebas sociométricas, procedimientos para la medición de las actitudes y para medir el rendimiento de los alumnos o la eficiencia de la escuela. En un ámbito donde las interacciones entre profesor-alumno y los procesos que se desarrollan, son dinámicos, cambiantes y complejos, la mayoría de las veces se fue incapaz de captar la calidad y la riqueza de estos procesos.

Para muchos investigadores, sin negar su valor como procedimientos que le dan regularidad y precisión a la realidad observada, las técnicas cuantitativas tienen validez en la medida que son complementadas con técnicas más cualitativas quo están en mejores condiciones para percibir globalmente los fenómenos observados

---

7   WOODS, Peter. *La escuela por dentro. La etnografía en la investigación educativa.* Barcelona : Paidós. 1989.

y en particular, las tensiones, conflictos y contradicciones que se dan en estas interacciones. De ahí que las técnicas no estructuradas, participantes y focalizadas, especialmente los estudios etnográficos, historias de casos y acción participativa, comienzan a tener una significativa importancia sobre la investigación en la escuela y en el aula.

La experiencia nos ha enseñado que los procesos de interacción entre maestro y alumnos poseen facetas muy diferentes, las cuales pueden centrarse en la participación oral del profesor, los estímulos a las iniciativas personales, el trabajo personal dirigido, la participación oral del alumno bajo la dirección del profesor y, en todos los tipos de trabajo que se dan en este contexto. Estos conflictos personales, de roles o grupales, dados en estas interacciones, además de identificarlos y caracterizarlos, son analizados y comprendidos por a quien le corresponda investigarlos. Lo ideal es que el propio profesor se encargue de hacerlo, y por medio de procedimientos participativos logre integrar en su persona las funciones pedagógicas e investigativas.

Una de las grandes preocupaciones de la etnografía educativa ha sido el estudio de las diversas subculturas que se conjugan en el aula, llámense valores, normas, actitudes, creencias y conductas de un determinado grupo social. No hay que olvidar que en un aula participan maestros y alumnos que pertenecen a clases sociales, edades y culturas diferentes, que tienen lenguaje, intereses y comportamientos también diferentes, que necesariamente por un imperativo educativo deben coexistir, pero la principal forma de su cultura es sin lugar a dudas la del estudiante que como sabemos tiene su propia forma de ver y de percibir la escuela, las formas de enseñar y aprender, los sistemas de calificaciones y de promoción, el rol del profesor, etc. No es tan fácil penetrar en esta subcultura estudiantil que tiene sus propias reglas, valores e intereses. Algunos utilizan el término *cultura escolar* para referirse a esta realidad tan propia de este proceso escolar.

El modelo de interacción en el proceso de enseñanza-aprendizaje es otro tema fundamental en el contexto del aula, el cual desafortunadamente no ha sido estudiado con la visión humana y social exigida por un fenómeno que no puede ser reducido a aspectos puramente metodológicos, técnicos e institucionales. ¿Cómo enseña el maestro? ¿Qué aprende el estudiante? ¿Cómo percibe el estudiante la función del maestro? ¿Qué piensa y siente el estudiante? Son algunas de las numerosas preguntas que surgen frente a un proceso donde el sentir y el pensar extraescolar no siempre tienen significación. La cultura es un tema que reviste gran interés para una etnografía educativa que centra su atención en todas las conductas verbales y no verbales del estudiante, su lenguaje y sus actitudes frente al maestro y a la escuela, las cuales pueden constituirse en los factores que llevan a determinar el éxito o el fracaso del trabajo escolar.

Aquí nos hemos referido varias veces a la *etnografía educativa lo* cual nos evoca un término básicamente proveniente de la antropología, aunque en la tradición anglosajona se utiliza también en la sociología y, muy recientemente en los procesos educativos. Para algunos autores prejuiciosos correspondería a los primeros pasos de la investigación, quizás porque su trabajo se centra principalmente en la recolección de datos, observaciones y descripciones. Durante mucho tiempo se le asoció con la actividad antropológica y sólo recién, en la década de los 60, se comenzó a utilizar en el campo educativo, lo cual provocó múltiples reacciones. Por un lado fue rechazada porque no cumplía las reglas teóricas y metodológicas propias de la concepción positivista, dominante en la investigación científica y, por otro, se le quiso convertir en la panacea de las técnicas y métodos innovadores.

Según los autores Goetz, J. P. y LeCompte, M.D.,

> *el objeto de la etnografía educativa es aportar valiosos datos descriptivos de los contextos, actividades y creencias de los participantes en los escenarios*

Aunque el término *etnografía educativa* es de vieja data, ya que los antropólogos Levi-Strauss, Radliffe-Brown y otros hacían referencia a esta como parte de sus trabajos de antropología social y cultural, sólo en estas últimas décadas se percibe un interés por incorporarla como método y técnica de trabajo en la escuela y en el contexto educativo. Primero se introdujo como método y estrategia investigativa destinada a aportar información sobre el estudiante, el acto educativo y el medio donde se desarrollaba y, con el tiempo, se transformó en una experiencia educativa donde se integran la producción de conocimientos y el propio trabajo pedagógico. Hoy en día algunos docentes hacen referencia a una supuesta *pedagogía etnográfica, o* quizás una concepción etnográfica de la pedagogía para referirse al camino que permite al maestro observar la inte-

---

8   GOETZ, J. P. y LECOMPTE, M.D. *Etnografía y diseño cualitativo en investigación educativa.* Madrid: Editorial Morata. 1988.

racción social en situaciones naturales, acceder a fenómenos no documentados, contextuar y conservar la complejidad de los procesos sociales, descubrir el saber natural de un grupo de personas y la forma como ese saber es empleado en las interacciones y en el propio proceso de enseñanza-aprendizaje. La reconstrucción de las prácticas escolares, como manifestación de una realidad socialmente condicionada, constituye una experiencia vital para el trabajo pedagógico. Es en el salón de clases y en la vida cotidiana de la escuela donde se manifiestan permanentemente una serie de pautas de relación, socialmente establecidas, cuyos significados manifiestos y latentes deben ser develados a fin de comprender los procesos sociales que conforman la realidad escolar.

¿Qué métodos y procedimientos utiliza la etnografía educativa en su campo de trabajo? Fundamentalmente intenta reconstruir la realidad a partir de los acontecimientos observados y de las significaciones que los propios sujetos otorgan a los acontecimientos, y no como una mera atribución impuesta por el modelo o la categoría que utilice el investigador. De este modo, en relación con problema de investigación, no se parte de una hipótesis que se quiere verificar a lo largo del proceso de estudio. El problema es entendido como un campo de observación donde se procura comprender las características culturales de la escuela que podrían estar favoreciendo, por ejemplo, el fracaso de los niños pertenecientes a los barrios populares. En este sentido se trata de profundizar en la comprensión del problema para que los propios actores y responsables de los procesos educativos puedan plantearse a su vez el mismo problema en toda su complejidad y homogeneidad. En otras palabras aquí se procura plantear un problema *desde abajo* con el fin de tener como interlocutores básicos a los propios maestros que intentan superar el problema del fracaso escolar. Ellos deberán apropiarse de los resultados de la investigación, reflexionando en torno a estos a partir de su propia experiencia.

La mayoría de los autores e investigadores coinciden en el hecho que una etnografía escolar para que sea adecuada, debe incluir tanto los acontecimientos internos del aula y de la escuela como el estudio de las fuerzas que la moldean. Pero de ninguna manera el análisis se agota en la interpretación de los fenómenos observados y descritos. Es necesario ligar los fenómenos observados al contexto social y cultural en que se encuentra inmersa la institución escolar. El análisis no permanece sólo a nivel del aula de clases. Es necesario relacionar los acontecimientos observados con la realidad de la escuela, con el sistema escolar y con el contexto social y cultural en que se encuentra inmersa.

Cuando hace algunas décadas se comenzaron a utilizar los procedimientos etnográficos en la escuela, se dieron muchas discusiones en torno a la naturaleza ateórica de la etnografía tradicional, lo cual algunos interpretaban como la ausencia de categorías preestablecidas y de preconcepciones que podrían condicionar o desvirtuar el trabajo descriptivo, o que podían derivar en interpretaciones sesgadas. Ello le dio mala fama a la etnografía y muchos le quitaron su condición de *método científico y* simplemente la tildaron de *técnica para recopilar información. E*s curioso como a muchos pedagogos les atrajo la idea de eliminar cualquier teoría que les pudiera cuestionar su empirismo y funcionalismo pedagógico, por eso apoyaron la idea de desarrollar hipótesis que surgieran de la realidad, lo cual se puso de moda entre quienes consideraban que la presencia de la teoría era una forma de someterse a los postulados positivistas. Entre estos sectores se popularizaron las concepciones de Glaser y Strauss quienes afirmaban que

> *generar una teoría desde los datos no sólo es una demostración de que la mayoría de las hipótesis y conceptos vienen de los datos, sino que, estos elementos son trabajados sistemáticamente en relación con los datos durante el curso de la investigación.*

Generar una teoría implica un proceso de investigación[9].

Estos sectores perciben el proceso pedagógico como una praxis libre de condicionamientos teóricos, son partidarios de estrategias inductivas y se oponen a hacer teoría a partir de premisas ya establecidas. Con los años, y en la medida en que se superó la etapa experimental, se tomó conciencia que no era tan importante si la teoría *surgía antes, durante o después del proceso educativo*, sino lo fundamental era no desconocer la importancia de la teoría para acceder a la comprensión de la realidad. Por eso hoy día, en la mayoría de las aplicaciones actuales, las categorías y los conceptos previos presentes en toda investigación tienden a flexibilizarse y así posibilitar la comprensión de las categorías del sujeto observado. Esta flexibilidad se requiere para reconocer los cambios que las categorías pueden ir experimentando en el transcurso de una investigación. Es por ello que se dice que el producto etnográfico es necesariamente una síntesis de dos modelos de la realidad social: la del investigador y la del sujeto del estudio.

La etnografía educativa adopta las mismas formas de trabajo y concepciones que la etnografía tradicional, las cuales según Kattleen Wilcox se pueden reducir a cuatro aspectos fundamentales:

- Abandona las preconcepciones frente a los fenómenos sociales observados y explota la manera como aquellos son vistos y construidos por sus participantes.

- Convierte lo conocido en extraño, lo común en extraordinario, registra lo que se da por hecho e indaga sobre las razones del por qué existe, cómo es y de qué manera.

____

9   GLASER, B. G. y STRAUSS, A. L. *The Discovery of Grounded Theory: Strategies for Qualitative Research.* Chicago. Aldine, 1976.

- Asume que para comprender lo particular se necesita relacionar con su medio, con su contexto.

- Utiliza la teoría social existente sobre el problema o el fenómeno estudiado para guiar la propia investigación.

El aula, un objetivo de la microetnografía

Los especialistas nos hablan de dos tipos de etnografías: las micro y macro etnografías. Aunque se hace difícil distanciar una de otra, no hay duda que ellas son el resultado de dos enfoques diferentes en el estudio de la realidad. La primera centra su atención en aspectos concretos y específicos de la vida de las comunidades y grupos, particularmente, su foco de atención es la institución educativa y más concretamente la interacción maestro alumno y subculturas escolares. Muchos autores han tratado de demostrar por este camino que la interacción verbal y no verbal que se genera entre actores del proceso educativo que se desarrolla en el aula, no sólo es determinante en el fracaso o éxito escolar, sino que a su vez depende de la competencia comunicativa existente entre estos. En general, la microetnografía ha tenido mucha aceptación como herramienta evaluativa, ya que sus informes son de gran utilidad para adelantar reformas que necesariamente no comprometen la totalidad en una realidad educativa, pero si nos ayuda a detectar algunos signos concretos y específicos que pueden ser muy útiles. Muchas veces en la visión global y general no se alcanzan a visualizar algunos aspectos que en el aula se perciben más claramente y que son buenos indicadores de esta totalidad. En la institución educativa este trabajo descriptivo es importante en el proceso de contrastación entre lo normativo y lo deseable, entre lo que sucede al interior del aula y lo que se da fuera de esta.

Aunque la macroetnografía no es ajena a la microetnografía, porque ambas son complementarias, la primera aparece como una reacción ante el supuesto reduccionismo de la segunda. Se propone regresar a la concepción holística de la antropología original y enfocar el estudio de la institución educativa en sus interrelaciones con las demás instituciones sociales, económicas, culturales o políticas de una comunidad. Es decir aquí están implicados factores históricos, socioeconómicos, ecológicos y otros que influyen y determinan las funciones y la naturaleza de la institución educativa. Algunos autores como Ogbu y Rockwell han propuesto fórmulas para superar estas limitaciones y para ello parten de la premisa que el comportamiento de los participantes corresponde en alguna medida a su manera de ver la realidad social y, para comprender sus comportamientos hay que remitirse a esta realidad social. Más aún, estas actitudes personales tienen un origen y un desarrollo histórico, que muchas veces hay que buscarlo fuera del aula, los cuales en últimas permiten comprender toda la dimensión de la realidad educativa y no sólo algunos aspectos fraccionados.

Muchos docentes y estudiosos del problema no aceptan la microetnografía, porque consideran que con ello se pierde el verdadero sentido de la etnografía y se convierte en una investigación convencional que traslada muchos de sus problemas fuera de los límites del aula y de la escuela, muy lejos de las posibilidades de estos núcleos y participantes. Se le critica porque a juicio de sus detractores los resultados no tienen una utilidad práctica e inmediata como en el caso de la microetnografía. Pero hoy en día la tendencia es a utilizar los beneficios y las ventajas de estas dos variantes de la etnografía, porque una necesita de la otra para dimensionar esta realidad.

Ya lo destacamos anteriormente: uno de los espacios educativos donde ha ganado más terreno la etnografía educativa es el aula de clase, tradicionalmente relegada a un lugar marginal entre los estudios descriptivos y experimentales. Quiérase o no en el aula se reflejan los aspectos más significativos de la institución educativa, que a su vez refleja lo más importante de las instituciones sociales en general, lo cual convalida la unidad de los enfoques macro y microetnográficos. Es allí en el interior del aula donde podemos

114

reconstruir con mayor facilidad los modos de enseñanza y todo aquello que tiene relación con lo que se enseña, cómo se enseña, qué se aprende, por qué se aprueba, cómo es la interacción maestro-alumno, qué sucede al interior del salón de clases, cómo es el clima emocional, etc. Por medio del trabajo etnográfico se ha podido reconstruir una cultura del aula que nos permite identificar los factores más significativos de la docencia, evaluar los niveles de participación en el aula, como un aprendizaje social.

Durante estas últimas décadas se ha incrementado el interés por los estudios etnográficos en el aula, de ahí que en el medio latinoamericano nos encontremos con numerosos estudios y autores que han dedicado sus esfuerzos a reconstruir esta cultura del aula y sus relaciones con otras disciplinas que son utilizadas como referentes obligatorias para analizar la problemática del aula y de la institución educativa. En Colombia una de las pioneras de la investigación etnográfica aplicada en la escuela y particularmente en el aula, es Araceli de Tezanos quien realizó importantes trabajos con estudiantes y profesores de la Universidad Pedagógica Nacional, especialmente en la institución y aula escolar (actos escolares, entrada y salida de los alumnos, recreo, reuniones de padres de familia y de maestros, etc.). En una de sus obras más conocidas: *Escuela y comunidad: un problema de sentido, De* Tezanos escribe:

> *En este trabajo intentamos examinar la situación del aprendizaje, analizando algunas escuelas primarias de Colombia, para encontrar por qué y cómo los maestros contribuyen al éxito o al fracaso de sus alumnos con relación a los requerimientos del sistema escolar[10].*

---

10   DE TEZANOS, Araceli y otros. *Escuela y comunidad: un problema de sentido.* Centro de Investigaciones. Bogotá: Universidad Pedagógica Nacional. 1985.

Aquí la microetnografía es desarrollada como una perspectiva de investigación en el campo educativo y, a través de ella se plantea un sistemático y detallado estudio de los diferentes eventos conductuales de un grupo de personas previamente demarcado en unidades de tiempo y espacio. De esta manera el salón de clases, la actividad profesor-alumno, los momentos de descanso o cualquier situación de la vida cotidiana se convierten en figuras estelares de la investigación. Hay que recordar que el psiquiatra francés Abraham Moles, quien realizó estudios en el campo de la micropsicología y de la sociopsicología, le concede una importancia fundamental a la realidad cotidiana y a la personalidad del hombre empírico lo que algunos identifican con el nombre de "pequeña psicología". Esta se centra en el estudio de las cosas que se hacen obligatoriamente todos los días, la jornada de trabajo que se ha transformado en un acto mecánico y automático, en una rutina en la que no se piensa, no reviste interés para la psicología general aunque se le asigne un lugar destacado en la psicología industrial como una desgajada del conjunto. Sin embargo, para Moles este formidable factor impuesto a la vida del hombre como el aire que respira, nuclea numerosas y fundamentales respuestas psicológicas e impone su influencia en la concepción del mundo y de la vida, en la cultura y en sus costumbres, en sus recreaciones y actividades domésticas, en suma, en la ideología y cultura del individuo.

De ahí la importancia que reviste para el observador la cotidianidad escolar, con todas sus interacciones, comportamientos, formas de trabajo, expresiones, etc., que a juicio de los etnógrafos sirve para caracterizar mejor el trabajo escolar que cualquier investigación o evaluación convencional.

También son ampliamente conocidas las experiencias adelantadas por algunos investigadores y pedagogos chilenos y argentinos que han utilizado la investigación etnográfica para comprender las condiciones en las cuales se desarrolla la cultura escolar que, en muchos casos, estaría determinando el bajo rendimiento de la población escolar. De esta manera se procura aportar elementos que permitan una nueva forma de percibir los problemas educativos desde la cotidianidad de la vida escolar, lo cual se traduce en una reconstrucción de los procesos que se desarrollan en el interior del aula. A partir de esta concepción se plantean numerosos objetivos específicos que a su vez van a servir para plantearse numerosos interrogantes. Aquí la etnografía se plantea, como premisa fundamental, el observar la interacción social en situaciones "naturales", acceder a fenómenos no documentados, a contextuar y conservar la complejidad de los procesos sociales, descubrir el saber cultural de un grupo de personas y la forma como ese saber cultural es empleado en las interacciones sociales.

El Programa Interdisciplinario en Educación (PIIE) de Santiago de Chile, una institución de investigación asesorada por Guillermo Briones, realizó en la década del 80 diversos estudios etnográficos orientados al aula escolar, entre los cuales hay que destacar aquellos que buscaban comprender las condiciones en las cuales se desarrolla la cultura escolar y sus grados de incidencia en el bajo rendimiento de los alumnos. Al igual que en la mayoría de las propuestas etnográficas, se buscaba entender los problemas educativos desde la cotidianidad de la vida escolar. Sus objetivos principales eran reconstruir la interacción maestro-alumno en el aula de clases con el fin de revelar la dinámica que adquieren los procesos de enseñanza-aprendizaje y su efecto en los alumnos, particularmente en los primeros años de enseñanza básica. De igual manera se buscaba reconocer el significado que otorgaban al fracaso y éxito escolar los maestros, alumnos, padres y autoridades de la escuela. A través de una visión integrada de la realidad, se buscaba comprender las categorías sociales utilizadas por los actores del proceso educativo.

Para el estudiante objeto del estudio etnográfico tenían más relevancia los procesos que los resultados, y se buscaba comprender los eventos educativos investigados desde el interior del contexto de situaciones naturales. Hay que recordar que una de las características esenciales en este enfoque es la comprensión del fenómeno en una globalidad que le dé sentido. La realidad escolar está compuesta por los elementos que logran su sustantividad en la relación de los elementos entre sí y respecto al todo del cual forman parte. Por lo tanto se procura percibir los elementos en la unidad de ese todo, y no en forma segmentada.

Hay que recordar que la investigación etnográfica busca registrar la realidad para reconstruirla a partir de los acontecimientos observados y de las significaciones que los propios sujetos otorgan a los acontecimientos, y no como una atribución impuesta por el modelo o la categoría que utilice el investigador. Se podría entender esta atribución básicamente como un problema de poder, donde se deben considerar con apertura total las categorías del sujeto observado para llegar a una cabal comprensión desde el punto de vista del otro. No se trata de llegar desnudos a entender una situación, ya que cada investigador posee una historia, una propia visión del mundo, nociones internalizadas y teorías construidas.

Han sido importantes los estudios etnográficos referidos a la cultura escolar, la cual se relaciona con una práctica cotidiana que muchas veces rebasa todos los modelos pedagógicos desarrollados. Comprender las condiciones en las cuales se desarrolla la cultura escolar, lo cual podría estar afectando el bajo rendimiento de ciertos alumnos, se ha constituido en un tema reiterativo entre algunos investigadores. Desde esta perspectiva se busca aportar elementos que permitan una nueva forma de mirar los problemas educativos desde la cotidianidad de la vida escolar. Esto se traduce en una reconstrucción de los procesos que se desarrollan al interior del aula con el propósito de develar la dinámica que adquieren los procesos de enseñanza-aprendizaje y su efecto en los estudiantes. De esta manera se busca reconocer el significado que le otorgan al fracaso y al éxito escolar los maestros, alumnos, padres y autoridades de una escuela. En este contexto se aspira a caracterizar las particularidades que presentan los niños considerados como *fracasos* dentro de la escuela.

Algunas experiencias etnográficas en el aula adelantadas por Peter Woods, Glaser, Strauss y otros, nos muestran el valor de la participación en el aula como un aprendizaje social, que puede ayudar a impulsar el desarrollo intelectual y moral de los estudiantes. A través de un trabajo de investigación casi artesanal, estos autores nos aportan numerosos testimonios sobre los alcances y las dimensiones de los procesos de enculturación y de socialización, lo cual permite comprender mejor los aprendizajes producidos en el propio contexto social. Lo mismo podríamos decir sobre el trabajo destinado a la construcción de la cultura en el aula, pero no a partir de teorías o supuestos sobre la historia de la pedagogía, sino a través de la praxis pedagógica. El tema de la participación del estudiante en el aula, que en últimas se constituye en un factor de desarrollo intelectual, moral y de compromiso con el aula, ha sido desarrollado mediante un proceso participativo donde se involucran formas de trabajo propias de la investigación etnográfica y de la acción participativa. Pero donde parece haber penetrado con mayor profundidad el trabajo etnográfico es en la identificación, caracterización y comprensión de la cultura informal del aula, que algunos llaman subcultura estudiantil. Muchos maestros tienen serios problemas para ser admitidos en la cultura y realidad vital de los alumnos. Para algunos autores, como Glaser, no basta con flexibilizar los métodos y formas de trabajo del profesor, sino hay que conocer el lenguaje de los estudiantes, sus creencias, valores y costumbres, lo cual facilita cualquier tipo de comunicación. El dinamismo y la flexibilidad de los métodos y las técnicas etnográficas facilitan el acceso a un mundo cuyo único conocimiento ayuda a desarrollar el proceso de comunicación entre maestro y alumno.

La mayoría de los autores que han trabajado en este contexto consideran que es en el aula de clase, en la vida cotidiana de la escuela, donde se manifiestan permanentemente una serie de pautas de relación, socialmente establecidas y cuyos significados manifiestos y latentes, deben ser develados a fin de comprender los procesos sociales que conforman la realidad escolar, y es precisamente en el aula de clases donde se despliegan estos valores de la cotidianidad. Y si hablamos de aula de clases nos estamos refiriendo al aula como espacio pedagógico donde el maestro y los estudiantes despliegan su potencial intelectual, social y afectivo. Es en últimas el espacio natural del proceso de enseñanza-aprendizaje.

Son numerosos los procedimientos y técnicas utilizados por los etnográficos para captar global y detalladamente todo lo que sucede en un aula de clase. Una de las técnicas —muy utilizada inicialmente— es el proceso de diagramación *(mapping)* de grupos y colectividades que a modo de inventario se realiza, una serie de preguntas y observaciones a través de las cuales se obtienen los perfiles generales y de *salidas de pesca, d*el entrevistador, (preguntas amplias y abierta para la obtención de datos no buscados). Lo que Goetz y LeCompte denominan el *vagabundeo, que c*onsiste en reconocer el terreno, registrar las características más importantes del grupo, trazar un plano del lugar y realizar una descripción del contexto del fenómeno o del proceso concreto que se está estudiando. Es decir, es un pequeño censo de los componentes de un grupo y supone sacar a la luz de los constructos de los participantes, escuchando atentamente y registrándolo todo después. El vagabundeo por el escenario de los acontecimientos permite identificar a los líderes y elaborar un esquema de la utilización del tiempo y de los acontecimientos diarios, en este caso del aula de clases.

Por medio de la realización de un mapa del aula o representaciones gráficas es posible definir el entorno físico de los participantes, indicar los espacios personales y grupales, las características y objetos principales de la clase, su disposición y, ofrece datos sobre el contexto donde se produjo la interacción. De igual manera permite seguir la ruta de los movimientos y desplazamientos que realizan los estudiantes en el momento que efectúan determinadas actividades pedagógicas.

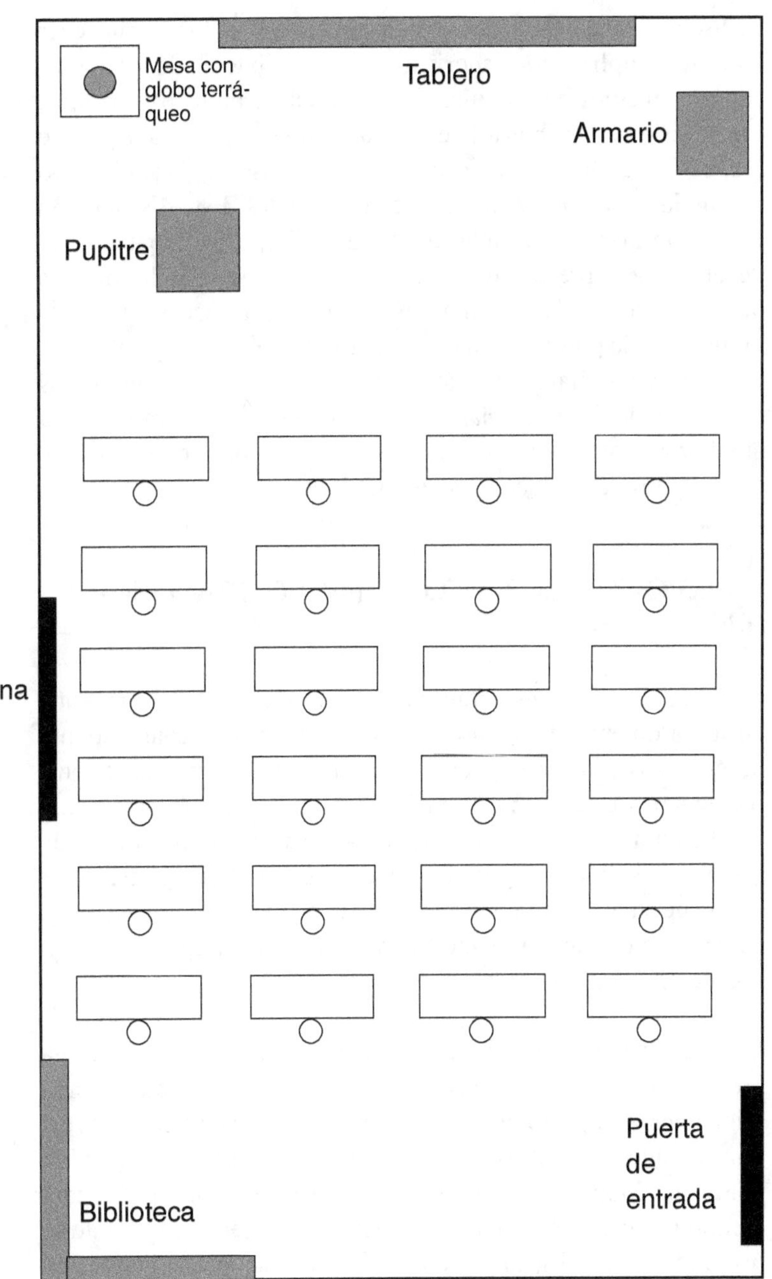

Mesa con globo terráqueo
Tablero
Armario
Pupitre
ana
Biblioteca
Puerta de entrada

El diseño de una planta física o mapa del aula no sólo permite tener un visión amplia y pormenorizada de la distribución de las mesas, sillas y muebles de un aula, sino también percibir los espacios, organizarlos y distribuirlos de acuerdo al tipo de actividades que se realizan. El gráfico nos muestra un aula de clases, típica del medio colombiano, aunque existen muchas variantes. Esta distribución puede cambiar si en el aula se realiza un simposio, un panel o un debate. Estas representaciones gráficas no sólo señalan los objetos que se ubican en el aula, sino señalan las rutas de acceso y de movimiento de la población que se encuentra en ella. Aunque muchas de estas representaciones gráficas se asocian a los procedimientos propios de la Sociometría, la etnografía la utiliza como técnica auxiliar aunque no con el rigor estadístico propio de los tests y los métodos de evaluación sociométricos.

LA INVESTIGACIÓN ACCIÓN-PARTICIPATIVA EN EL AULA

Diversos autores consideran que si se aspira a resolver muchos de los problemas revelados a través del trabajo esencialmente descriptivo de la investigación etnográfica es indispensable complementarlo con la investigación acción-participativa. Es una condición necesaria si se aspira a concretar y definir muchos de los aspectos descritos y sugeridos en el proceso etnográfico. Por medio de su acción transformadora es posible traducir en actos y cambios lo que inicialmente fue descrito y definido a través del trabajo etnográfico.

La investigación acción investigativa es una modalidad que se ha prestado a muchos equívocos y manipulaciones, porque si bien inicialmente surge como una alternativa frente a un tipo de investigación que hace énfasis en lo estrictamente analítico, deductivo y holístico, donde el trabajo de campo es apenas un espacio para comprobar o rechazar una hipótesis preestablecida, y donde el investigador es el *gran dictador de*l proceso investigativo, en

122

general, en muchos proyectos de este tipo la *participación* tiene un significado más formal y simbólico que real, y la *acción transformadora* queda reducida a un estado de conciencia más deseable que efectivo. Muchas veces la indefinición y la poca claridad que existe sobre los niveles de participación, acción o transformación ha traído como consecuencia la proliferación de una serie de tendencias y formas de percibir esta modalidad investigativa. Por ejemplo no existe mucha claridad sobre los verdaderos alcances del término *Participación, que e*n la práctica puede constituirse en una modalidad organizada, eficiente o decisiva la cual a su vez puede tener niveles muy diferentes como oferta-invitación, como consulta por delegación, como influencia/recomendación, cogestión o autogestión. No sólo en el ámbito social, sino también en la propia aula, continuamente nos encontramos con niveles simbólicos de participación donde supuestamente los "arriba" invitan a participar a los *abajo, l*o cual se convierte en una "seudoparticipación". Otras veces esta participación se reduce a un conjunto de sugerencias que se realizan a modo de consulta, también a delegar responsabilidades entre los estudiantes, o, a la cogestión, que algunos consideran como uno de los mayores grados de participación, en donde se establecen mecanismos de co-decisión y de colegialidad y donde la participación se legaliza y se institucionaliza en el grupo. Pero esta puede convertirse en un proceso de autogestión, donde cada miembro del grupo interviene directamente en la toma de decisiones conforme a lineamientos establecidos previamente. Sería el más alto nivel de participación. ¿Qué niveles de participación se deben dar en el aula y específicamente en la investigación acción-participativa? Muchas veces existe una participación más supuesta que real, ya que decisiones secundarias se dejan en manos de los estudiantes y las principales quedan en manos del docente. Lo ideal sería que existiera una autogestión, lo cual rompería los rígidos esquemas que separan las funciones del profesor de las del estudiante.

Aquí *acción* es un término con facetas y significados diferentes, ya que indistintamente puede ser asistencialista, solidaria o transformadora, puede constituirse en una acción de hecho o un cambio en la mentalidad de las personas. Una acción puede ser entendida no sólo como el simple actuar, sino como una acción que conduce al cambio social estructural. Algunos la denominan "praxis", que a diferencia de la práctica, en esta se integran la teoría y la práctica, lo cual es el resultado de una reflexión-investigación continua sobre la realidad abordada no sólo para conocerla sino para transformarla. La investigación y la acción se funden en la praxis.

Históricamente los orígenes de este tipo de investigación se remontan a las décadas del 50 y del 60, donde las experiencias de la *action research de*l norteamericano Kurt Lewin son determinantes en el posterior desarrollo de la investigación acción participativa. En Latinoamericana hay que destacar las valiosas experiencias del brasileño Paulo Freire, particularmente en el campo de la educación de adultos y la alfabetización. Este experimentó en varios países del continente su famosa concepción sobre la *educación liberadora e*n los sectores populares y plantea que

> *al investigar, no estoy solamente educando o siendo educador, estoy investigando otra vez. En el sentido que aquí se le da, investigar y hacer investigación, educo y me estoy educando con los grupos populares. Al volver al área para poner en práctica los resultados de la educar se identifican en un permanente y dinámico movimiento*[11].

La IAP gira naturalmente en torno a dos conceptos básicos que la identifican: acción y participación. El primero como lo señalamos anteriormente, tiene que ver con la actitud asumida por la ciencia y el investigador, frente a la realidad. A diferencia de

---

11   FREIRE, Paulo. *Educación como práctica de libertad.* Madrid: Editorial Siglo XXI, 1988.

la investigación tradicional, aquí tanto el investigador como el sujeto investigado no adoptan una posición pasiva frente a esta realidad, sino una posición activa, de ahí el carácter movilizador de esta modalidad. Es decir, por medio de ella se busca motivar y movilizar a las personas para que participen en la solución de los problemas investigados, cuyas soluciones deben responder a la cultura del grupo.

Desde el punto de vista metodológico, según Guillermo Briones los rasgos más comunes de la IAP serían los siguientes:

- La investigación acción es eminentemente una investigación aplicada destinada a buscar soluciones a problemas que un grupo, una comunidad, una escuela o aula experimenta en su vida diaria.

- En la búsqueda de soluciones-proceso que implica una forma de cambio social, participan investigadores y personas que son directamente afectadas por los problemas a investigar.

- Durante todo el proceso de investigación se busca de manera conjunta la definición de los problemas y las estrategias para resolverlos.

- Tanto el enfoque de los problemas como las actividades a realizar se hacen dentro de la cultura y práctica cotidiana de los miembros de la comunidad o del grupo.

Desde su creación hasta la fecha, han surgido numerosos modelos que de una u otra forma perciben y resuelven de manera diferente los principios que la orientan y la definen. Existe una corriente francesa que ha desarrollado particularmente la modalidad denominada investigación-acción institucional en el campo de la psicoterapia, la pedagogía, la psicología y el socioanálisis. Fueron los investigadores y docentes franceses los primeros que utilizaron las aulas como espacios experimentales para cambiar las relaciones sociales a partir de las relaciones profesor-alumno e instituyendo la autogestión en clase donde el docente tiene el rol de animador. En la denominada corriente anglosajona, la investigación-acción adquiere fundamentalmente una orientación diagnóstica, ya que busca ampliar la comprensión que tiene el profesor del problema, o sea, juega un papel exploratorio. En esta tendencia diagnóstica se destacan dos elementos fundamentales: el carácter espiral del proceso y la centralidad del plan de acción, cuyo desarrollo y eva-luación permiten ampliar y clarificar la diagnosis de la situación. Esta investigación se centra en la figura del profesor, del currículo o de la institución, pero muy escasamente en el alumno.

La corriente norteamericana está representada particularmente por Kurt Lewin, a quien algunos consideran como uno de los pioneros de la investigación-acción y de la tendencia conocida como "investigación-intervención" que durante mucho tiempo se ha identificado con esta modalidad investigativa. Este carácter intervencionista fue retomado por Paulo Freire, con una intención más social y comunitaria. Los trabajos de los australianos Kemmis y Carr, reseñados en su *Teoría critica de la enseñanza. Investigación-acción en la formación del profesorado (1988),* inauguran una nueva tendencia donde las actividades tienen en común la identificación de estrategias de acción planeadas, llevadas a cabo y sistemáticamente sometidas a observación, reflexión y cambio. Los participantes, en la acción, están involucrados en todas estas actividades. Los autores clasifican la investigación-acción en técnica, práctica y autogestionada o emancipatoria.

Así como abundan los modelos y las modalidades de IAP, también existen muchas variantes en cuanto a los pasos y fases de un proceso para realizar una IAP. ¿Cuáles son las condiciones mínimas para que exista una IAP? A juicio de Carr y Kemmis serían los siguientes:

- Que el proceso de investigación-acción surja de problemas y preocupaciones educativas de carácter práctico, que sientan propios tanto los profesores como los alumnos.

- Que el proyecto implique a todos los responsables del mismo, formando un equipo. Exige compromiso y participación responsable.

- Que se realice un diario del proyecto (individual o grupal) en los cuales se registre el lenguaje, las actividades, las relaciones sociales y la participación del grupo.

- Que el grupo siga una espiral de ciclos de acción-reflexión: planear: actuar observar y reflexionar.

Metodológicamente podemos destacar dos grandes dimensiones en un proceso de IAP: la diagnóstica y la transformadora. Estas dimensiones podrían desglosarse en los siguientes pasos:

- *Primer paso:* diagnosticar y descubrir una preocupación temática-problema.

- *Segundo paso:* elaboración del plan.

- *Tercer paso:* puesta en práctica del plan y observación de su funcionamiento.

- *Cuarto paso:* reflexión, interpretación e integración de resultados. Replanificación.

¿Cuáles serían los medios y los instrumentos que se utilizan en una IAP en el aula? Este tipo de investigación demanda el empleo de numerosas técnicas y métodos los cuales no se diferencian de cualquier investigación, aunque la utilizada con más frecuencia en este tipo de estudio es la observación, particularmente la observación no estructurada, participante, en equipo e individual, quizás debido a la misma naturaleza dinámica y participante de la IAP.

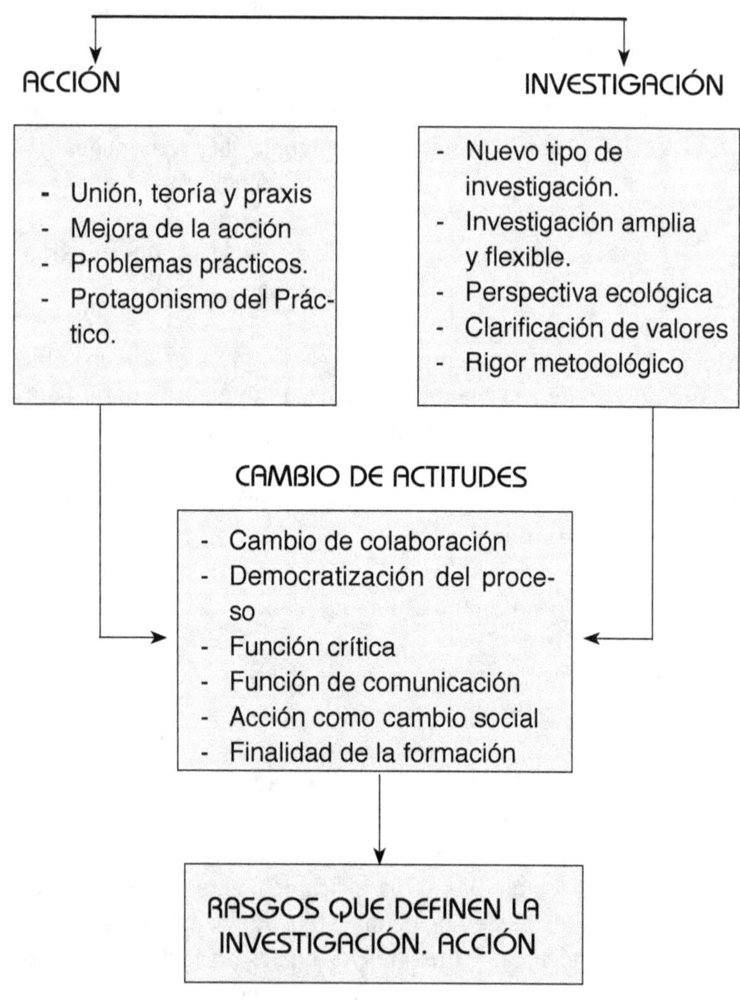

Cuadro elaborado por Gloria Pérez Serrano

Sobre los rasgos que definen la investigación-acción en su libro
*Investigación cualitativa. Retos e interrogantes (I. Métodos), se
d*estaca la importancia que posee la acción en el cambio de actitud
y que sintetiza el proceso cíclico de *reflexión-acción-reflexión* de
la cual nos habla Kurt Lewin, en donde se reestructura la relación
entre conocer y hacer, entre sujeto y objeto, de manera que se
vaya configurando y consolidando con cada paso la capacidad de
autogestión de los implicados.

La investigadora española destaca en líneas generales las dos
grandes dimensiones de la investigación-acción que se despliegan
a través de todo su proceso de desarrollo:

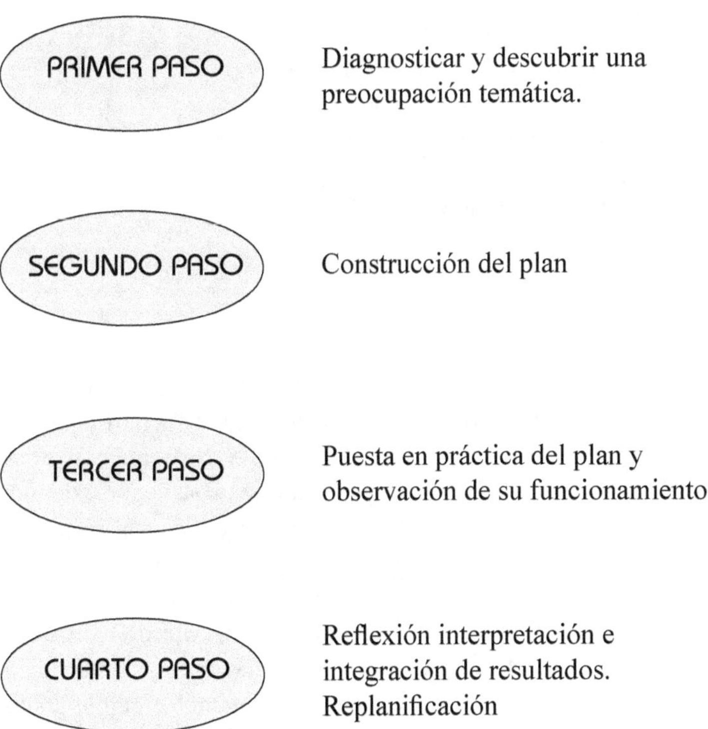

PRIMER PASO — Diagnosticar y descubrir una preocupación temática.

SEGUNDO PASO — Construcción del plan

TERCER PASO — Puesta en práctica del plan y observación de su funcionamiento

CUARTO PASO — Reflexión interpretación e integración de resultados. Replanificación

Aunque ninguna técnica está vedada se hace referencia, principalmente, a tres categorías:

Técnicas de lápiz y papel

- Notas de campo.
- Diarios, anécdotas, impresiones y comentarios en vivo.
- Cuestionarios.
- Pruebas documentales.

Técnicas vivas

- Sociogramas, sociodramas y teatro.
- Entrevistas y discusiones de grupo.
- Estudio de casos.

Técnicas audiovisuales

- Diapositivas y fotos.
- Grabaciones audio.
- Grabaciones video.

ESTUDIO DE CASOS

Aunque muchas veces esta modalidad participa como tal al interior del aula en investigaciones etnográficas o de acción participativa, ella también se utiliza en forma independiente. Se popularizó en la década del 60 en la psicología y posteriormente su uso se extendió a otras disciplinas pertenecientes al campo de las Ciencias Sociales, particularmente en la sociología y antropología. Su éxito se debe a su gran capacidad para lograr un acercamiento entre la teoría y la práctica. Las teorías de Sigmund Freud, Alfred Binet, Jean Piaget, Abraham Maslow y Carl Rogers, nacieron y se nutrieron a partir de algunos estudios de casos, son un buen ejemplo de las aportaciones e importancia de este método. Con su utilización el investigador se propone comprender cómo los actores interpretan y construyen sus propios significados en una situación dada. El objeto de estudio es siempre individual, ya sea una persona, un acontecimiento o una institución, y se da en su integridad fenomenológica y en su dinámica existencial. En la actualidad, el estudio de casos es el prototipo de la investigación ideográfica, llevada a cabo desde de una perspectiva cualitativa, auque complementada con técnica cuantitativa.

En sus inicios en Estados Unidos el método fue utilizado como herramienta pedagógica para dar a los estudiantes un conocimiento más concreto de la realidad de la vida económica, tratando así de compensar su falta de realismo, sus conocimientos esencialmente teóricos y librescos que los hacían poco útiles cuando ingresaban en una empresa. Posteriormente fue utilizado como método experimental en la medicina, donde el estudio de algunos casos permitió inferir y deducir aspectos que posteriormente se transformaron en métodos generalizados en el tratamiento de diversas enfermedades. En las Ciencias Sociales y, particularmente en la educación, ha permitido por medio del análisis y estudio de casos, acercar el estudiante al conocimiento de la realidad. En el proyecto de aula, el estudio de casos va ser muy útil, ya que muchos conceptos, leyes y principios, a través de los casos, van a comenzar a tener sentido y significado real.

Para algunos autores el método de casos es un modo de análisis más que una técnica, la cual oponen a los métodos estadísticos y a los análisis globales. Estos sostienen que el estudio profundizado de individuos particulares (monografías, historias de vida, documentos personales, etc.), permite captar los fenómenos colectivos *por dentro* en vez de *por fuera*.

En el lenguaje corriente un caso es sinónimo de suceso, acontecimiento, eventualidad o circunstancia, pero para la psicología *un caso es* la recolección de datos que se refieren a la conducta de un individuo, a sus antecedentes familiares y personales y a las condiciones generales del ambiente familiar y social que le es propio. Para la investigación, el caso se asocia con un tipo de problema que se debe plantear y resolver. Cualquiera sea su definición, en general, el caso se asocia con un fenómeno especifico y típico, pero no necesariamente único y excepcional. Muchas veces estudiamos un caso porque intrínsecamente es interesante y nos permite comprender mejor un fenómeno.

Son numerosos los significados que posee la palabra *caso q*ue en medicina es sinónimo de una enfermedad que no es corriente y que afecta a un sujeto determinado. En Pedagogía es una investigación que se realiza a un alumno, un grupo, una institución educativa y que busca conocer todos aquellos aspectos que puedan ayudar a comprenderlos: biográfico (historia de caso), psicológico, social, fisiológico o relacionado con el medio ambiente. A veces se efectúan estudios de casos para descubrir las variables más pertinentes de medir, para continuarlas de forma extensiva con el objeto de obtener unos resultados estadísticamente significativos. Finalmente el estudio de individuos o de instituciones, conocidos por su éxito excepcional, puede revelar unas características, métodos y procesos transportables a otros casos.

Para un especialista en el tema como el norteamericano S. B. Merrian existen algunos conceptos afines que equivocadamente pueden confundirse con la investigación o estudio de casos. Por ejemplo *el trabajo con casos* que hace referencia a los procedimientos, correctivos, remediales o de ajuste, que siguen al diagnóstico de las causas de un problema o un desajuste determinado. Se utiliza preferentemente en el Trabajo Social. El *método de casos* se considera una técnica didáctica donde los elementos principales del estudio de casos se presentan a los estudiantes con propósitos informativos o, como búsqueda y solución a problemas, en medio de un marco de discusión y debate. La *historia de casos,* como su nombre lo indica, es una búsqueda del pasado de una persona, personaje, grupo o institución. Todas estas variantes del caso pueden también hacer parte de un proyecto de aula al igual que el estudio de casos.

Muchas veces, sin proponérselo, algunos docentes realizan estudio de casos y, en general, es una de las modalidades de la investigación educativa que hace parte de las técnicas pedagógicas utilizadas por el maestro, particularmente, cuando convierten algunos casos específicos en prototipos o arquetipos universales. Muchos hechos singulares eran considerados aleatorios y su valor o significado no superaban los niveles eventuales de una anécdota. Aquí va a encarnar lo singular y lo general de un hecho, o sea, de una ley y un concepto, respectivamente.

En los estudios de casos, según se hable de casos en términos de grupos (familias, comunidades, etc.), o de personas (historias de vida), se utilizan particularmente la observación, las historias de vida, las entrevistas, los cuestionarios, los diarios, autobiografías, documentos personales o colectivos, informes, etc., pero cualquiera sea la técnica o el método que se use, no hay duda que todas ellas deben contribuir a conservar y a mantener la integridad de los casos debido a que esta modalidad emplea datos sacados de otros niveles abstractos, distintos de lo puramente social y empírico. Cuando vemos al individuo en su red total de relaciones es más difícil que lo perdamos de vista como una unidad.

Una de las criticas más frecuentes que se realiza a este tipo de técnicas es su limitación para trascender más allá del ámbito específico y particular del caso. Muchas veces la evaluación de los casos en el marco de modelos ajenos a una situación determinada, desvirtúa su particularidad y especificidad. Pero el hecho de no poder generalizar o extender a todo el universo los hallazgos obtenidos para poder formular explicaciones o descripciones generales, no constituye ninguna limitante a juicio de sus seguidores. Para superar estas supuestas limitaciones la fórmula más recurrida es utilizar técnicas de recolección de datos como la encuesta o, fórmulas exploratorias, con el propósito de legalizar la dimensión universal o general de un caso. Carlos Sabino señala algunos de estos procedimientos que pueden convertir un caso en un hecho capaz de significar muchas realidades diferentes. Según Sabino, se pueden seleccionar los casos de interés mediante los siguientes procedimientos y de acuerdo con el tipo de problemas de un estudio:

> a. Buscar casos típicos. *Se trata de explorar objetos, que en función de la información previa, parezcan ser la mejor expresión del tipo ideal de la categoría. Es preciso definir concretamente el tipo ideal de referencia y luego ubicar un caso que responda a este modelo. De esta forma podremos conseguir una apreciación más profunda sobre todo el conjunto implicado.*
>
> b. Seleccionar casos extremos. *Se puede tomar alguna de las variables involucradas y escoger casos que se ubiquen cerca de los límites de las mismas. Así podríamos considerar una universalidad muy antigua y otra de reciente creación, o una grande y otra pequeña, etc. La ventaja de utilizar casos extremos reside en que de este modo, probablemente, podamos tener una idea de los límites dentro de los cuales nuestras otras variables pueden oscilar (en este caso podrían ser tipo de organización, el nivel académico, etc. que podrían estar correlacionadas de algún modo con la antigüedad o el tamaño de los casos de estudio).*
>
> c. Tomar casos marginales. *Se trata aquí de encontrar casos atípicos o anormales para, por contraste, conocer las pautas de los casos normales y las posibles causas de desviación. Es una forma qua la medicina y la psiquiatría han usado frecuentemente, analizando los casos patológicos para, por*

oposición, llegar a determinar en qué consiste un individuo sano. Es muy conveniente, cuando sea posible, confrontar casos desviados o marginales con casos típicos, tomando un caso de cada una de estas características[12].

Uno de los grandes problemas que deben enfrentar los investigadores es la dificultad para conjugar el estudio de un caso único y concreto con las leyes generales o conceptos que lo fundamentan. Los hechos singulares muchas veces son considerados aleatorios y accidentales, y su significado no trasciende más allá de lo puramente anecdótico. En un medio donde lo global, lo general y lo holístico son claves para entender lo particular, los casos se nos aparecen como puramente coyunturales. En el campo específico de un proyecto de aula el estudio de casos puede constituirse no sólo en una modalidad de la investigación educativa, sino en una técnica didáctica o en una herramienta mediadora de innegable valor pedagógico. Muchas veces el caso nos ayuda a dimensionar y a entender mejor algunos conceptos y leyes universales cuyo grado de abstracción nos dificulta comprender su significado real y objetivo.

Existen algunos criterios y pautas que nos permiten asegurarnos que se trata de casos que tienen algún grado de relevancia e importancia para nuestro trabajo pedagógico. Para Sánchez y Musitu estos deben cumplir las siguientes condiciones:

- *Autenticidad*: ser una situación concreta, sacada de la realidad.

- *Urgencia de la situación*: ser una situación problemática que provoque un diagnóstico o una decisión.

---

12   SABINO, Carlos A. *El proceso de investigación.* Bogotá: Editorial El Cid, 1980.

- *Orientación pedagógica*: ser una situación que puede proporcionar información y formación en un dominio del conocimiento o de la acción.

Para los autores mencionados, esta modalidad investigativa tiene en el campo pedagógico una importancia fundamental para la formación teórico-práctica de los estudiantes. Se pueden mencionar cinco razones fundamentales que avalan su eficacia:

- Los estudiantes desarrollan mejor sus capacidades mentales evaluando situaciones reales y aplicando conceptos, que aprendiendo estos mismos conceptos simplemente a partir de ejemplos teóricos que están con frecuencia alejados de la vida real.

- Los estudiantes aprenden a desarrollar conceptos nuevos y a aplicar aquellos ya probados en situaciones nuevas.

- Los estudiantes asimilan mejor las ideas y conceptos que utilizan ellos mismos en el transcurso de la solución de los problemas surgidos de la realidad documentada en los casos.

- El trabajo en grupo y la interacción con otros estudiantes, necesarios en la práctica del método de casos, constituyen una preparación eficaz en los aspectos humanos de la gestión.

De esta manera a través del método de casos los estudiantes se convierten en participantes activos de su propio aprendizaje, se facilita la expresión de opiniones, creencias, actitudes y valores, y, ayuda a desarrollar las siguientes habilidades:

- La capacidad de observar en profundidad la realidad.

- La comprensión de los fenómenos y los hechos sociales.

- La definición de la situación problemática sobre lo que hay que operar.

- La conceptualización de la relación entre teoría y práctica.

- El trabajo solidario.

Según Martínez Bonafé, este tipo de estudios se centran en los niveles "micro" de un sistema, particularmente, aulas de clases o interacciones propias de un proceso educativo, pero también los casos pueden ayudarnos a comprender mejor el significado y las propiedades esenciales de algunos fenómenos globales y generales. Otra gran ventaja es que los estudios de casos se basan en el razonamiento inductivo y, de esta manera, las generalizaciones y los conceptos que surjan están fundados en situaciones reales propias del contexto donde se actúa. El hecho de profundizar un caso nos obliga a ir más allá de una situación específica y relacionarlo, diferenciarlo o compararlo con otros casos con el propósito de buscar afinidades y diferencias, construir generalizaciones, etc.

Si bien no existen procedimientos estándar, algunas disciplinas han generalizado algunas formas y estilos de trabajo. En la Sociología y el Trabajo Social lo utiliza para la formación en el análisis y en la toma de decisiones (diagnóstico e intervención). Se presenta a los miembros de un grupo un material concreto, por ejemplo, un altercado en una fábrica, una promoción, u otros, debiendo tener en cuenta todos los elementos de la situación, discutirlos y finalmente evaluar diferentes soluciones y definir la mejor. El método exige una participación activa de los miembros del grupo en el análisis del problema tomado de la realidad y constituye un aprendizaje que pretende ser más práctico que teórico.

En el campo educativo, el docente muchas veces sin necesidad de someterse a un procedimiento determinado, realiza actividades propias de un estudio de casos el cual utiliza como técnica pedagógica. Al interior de un grupo se plantea un problema concreto en campos que pueden ser muy diferentes: ciencia naturales, filosofía, ciencias sociales, etc. Generalmente el proceso se desarrolla en dos tiempos, primero, un análisis del caso donde se pregunta sobre la situación, el problema planteado y otros aspectos vinculados a este, segundo, se inicia la búsqueda de soluciones a este problema. Todas estas actividades se efectúan en medio de discusiones e intervenciones de los diversos integrantes del grupo. Es decir, este método busca estimular la participación activa de los estudiantes y, en general, todos ellos deben participar en la discusión y dar su opinión. Naturalmente los estudiantes deben informarse sobre el problema planteado, lo cual los capacita para intervenir y dar soluciones al respecto. Finalmente todo ello los lleva a tomar una decisión frente al tipo de respuesta o soluciones que se decida en cada caso.

Aunque no existe consenso sobre las fases procedimentales de un estudio de casos, autores como Jones, Andrés y otros sugieren algunas:

---

a. *Fase preliminar:* definición del caso.
b. *Fase primera:* preguntas y respuestas.
c. *Fase segunda:* búsqueda de datos.
d. *Fase tercera:* deliberación.
e. *Fase cuarta:* test de la decisión.

  - Trabajo individual.
  - Formación de subgrupos y reunión de sus integrantes por separado.
  - Simposio de relatores ante el grupo total.
  - Discusión general.

f. *Fase quinta:* Evaluación final.
g. *Fase sexta:* conceptualización.

Se acepta que la *historia de vida es* una forma o variante del estudio de casos. Algunos no la consideran una técnica, sino el resultado de una entrevista en profundidad, abierta y no estructurada. De ninguna manera esta historia de vida es una actividad por fuera de los objetivos y propósitos centrales del proyecto de grado. Esta debe insertarse y hacer parte del proyecto de aula, de tal manera pueda ayudar a destacar algún aspecto particular del proyecto.

Esta modalidad fue inicialmente popularizada por el antropólogo norteamericano Oscar Lewis, pero su incorporación como método o como técnica fue anterior, ya que numerosos historiadores y cronistas la utilizaron para reconstruir la vida de diversos personajes. Sin embargo las diferencias entre el uso tradicional en historia y su uso en las Ciencias Sociales son muy diferentes. El historiador no producía su material sino que lo encontraba hecho y a menudo *prefabricado por los protagonistas de la historia, en cambio la vida de las personas es el resultado de un trabajo de investigación.*

El término "vida" puede prestarse a equívocos, ya que se puede pensar que este tipo de estudio es individual y se limita a un ciclo vital de una persona. Aquí el término vida tiene un carácter más formal que real, ya que este puede referirse al espacio de tiempo que transcurre entre el nacimiento y la muerte, a un conjunto de actividades de una entidad en un área determinada, a la duración de una cosa u objeto cualquiera o, simplemente, a un momento de la existencia de una persona. En la actualidad existen en el campo educativo estudios de vida a nivel social, económico, educativo, pedagógico, etc. El maestro que lleva un diario de campo o de vida, en su trabajo académico muchas veces realiza un minucioso estudio de vida de los estudiantes, información que va recolectando a través de sus observaciones, trabajos individuales, entrevistas indirectas, etc.

En estas últimas décadas existe un resurgimiento del interés por las historias de vida, donde su trabajo se complementa o hace parte de los estudios etnográficos o de casos. En la educación nos encontramos con estudios que han realizado importantes contribuciones en campos como la deserción o el fracaso estudiantil, el desarrollo de la personalidad infantil y de la familia, los cuales, al igual que en el estudio de casos, han servido desde su singularidad a dar respuestas a muchos interrogantes.

Capítulo 4

Evaluación del proyecto de aula

El proceso evaluatorio de un proyecto de aula no difiere mayormente del que se realiza a otros tipos de proyectos, pero a diferencia de estos posee algunas características propias, quizás, porque su doble naturaleza lo convierte en una actividad donde se confunden el proceso formativo con los resultados o productos finales que busca alcanzar. Como veremos, en el proceso evaluatorio van a tener preeminencia tanto el proceso como el producto final, porque ambas instancias poseen una importancia como experiencia de enseñanza y aprendizaje, lo cual es uno de los propósitos centrales del proyecto de aula. Pero si bien en este no se distingue mayormente de otros tipos de proyectos, si se diferencian de los procedimientos evaluatorios utilizados en las clases comunes. El carácter concreto y preciso y las claras intenciones operativas de un proyecto que en muchos casos busca hacer efectivas a corto o mediano plazo algunas decisiones tomadas, demandan criterios diferentes en el momento de abordar el tema de la evaluación. A diferencia de una clase común que eventualmente puede trascender las cuatro paredes del aula, en un proyecto los espacios y los tiempos pueden desarrollarse en lugares y en circunstancias muy diferentes. Es decir, la dificultad para resolver algunos problemas propios de la evaluación podría derivar de los niveles de movilidad y dinamismo que posee un proyecto de aula, que requiere métodos y técnicas más dinámicos y flexibles que permitan efectuar un seguimiento continuo y permanente de todos los pasos y fases del proyecto.

Durante mucho tiempo las técnicas para la medición del rendimiento y las actitudes del estudiante, o para medir la eficiencia de la escuela, se constituyeron en las únicas alternativas de un proceso que sólo buscaba reunir información para calificar el trabajo del estudiante, para promoverlo o no a otros niveles. La evaluación estaba inscrita en un modelo proceso-producto donde el primero sólo tenía importancia como vía para alcanzar determinados productos del aprendizaje. En algunos casos se le asignaba cierto valor al proceso porque su activación era la garantía para alcanzar un buen producto. En estas últimas décadas se comenzó a entender que ambos, desde perspectivas diferentes, tenían importancia como experiencia de aprendizaje, porque el camino para alcanzar un producto tiene tanto valor como los logros o las metas que se propone.

Estas nuevas posturas obligaron a cambiar de actitud frente a la evaluación de la enseñanza y el aprendizaje, donde se comenzó a hablar de evaluación formativa e integral para oponerla a una tradicional de tipo sumativo y calificatorio. El proyecto de aula, en este sentido, es un buen ejemplo de este tipo experiencia donde todo se percibe en forma global y donde actúan numerosos factores que en últimas determinan el valor de los actos y los cambios que se producen en los estudiantes.

El acto de asumir una actitud valorativa frente a los proyectos de aula conlleva numerosos riesgos y exigencias debido particularmente al carácter formativo y productivo de esta modalidad. No se pueden negar, por un lado, el carácter intencional de este tipo de proyectos que guarda una estrecha relación con los logros y la consecución de estos y, por otro, un proceso donde el estudiante tiene la oportunidad de plantear y resolver problemas, desarrollar sus capacidades creadoras e innovadoras, sus talentos críticos y reflexivos, su autonomía y su independencia.

¿Se debe evaluar el proyecto de aula por fuera de las clases y programas vigentes? ¿Es simplemente una extensión pedagógica y, las técnicas de estos y el proyecto de aula sólo tiene sentido al interior de estos? Hemos escuchado decir a muchos profesores: no se cumplieron las metas y objetivos del proyecto, pero lo bueno es que se constituyó en una buena experiencia para los estudiantes porque aprendieron a trabajar en grupo y en los procesos de búsqueda e indagación descubrieron muchas cosas que no se habían planteado inicialmente. Aquí sale fortalecido el proceso de formación integral del estudiante, aunque este proyecto no haya alcanzado los propósitos que se propuso. Pero lo ideal sería que ambos cometidos se alcancen porque el proyecto de aula se justifica en la medida que se alcancen los objetivos propuestos, los cuales, a su vez, no son excluyentes de sus motivaciones formativas.

En torno al proceso de evaluación giran numerosas falacias y prejuicios que algunos autores exageradamente motejan de "patologías". Se piensa que si ellas no son superadas, difícilmente la actividad evaluatoria alcanzará sus propósitos. ¿Cuáles serían éstos? Veamos los principales.

- Que en el proyecto de aula el alumno no es el único objeto de evaluación, y que en su desarrollo participan otros factores que pueden influir en el proceso y en los resultados de este, por ejemplo, las condiciones en las que se trabaja, los medios que se tienen, los tiempos de los cuales se dispone y los contextos en donde se desarrollan.

- Que en el proyecto de aula los resultados no son los únicos indicadores de la evaluación, sino que estos están supeditados a muchos otros factores que constituyen por sí mismos objeto de evaluación. Importa también saber cómo se llega a los resultados, con qué ritmo, a qué precio, con qué medios, para qué fines, etc., es decir, el proceso.

- Que en el proyecto de aula sólo se evalúan los aspectos negativos, situación que puede generar desequilibrios, ya que al final, los ajustes y cambios que se realizan durante el proceso evaluatorio son el resultado de la fortalezas y las debilidades que se detecten.

- Que en el proyecto de aula sólo se evalúan las personas, dejando por fuera los medios, los tiempos y principalmente los contextos. Una evaluación no se puede descontextualizar porque ello sería como marginarla de la realidad en donde se ubica y actúa.

- Que en el proyecto se deben medir cuantitativamente los resultados y los procesos, porque ellos conducen a la calificación más precisa de los rendimientos. No hay que caer presa de la trampa del "rigor" y la "objetividad", sino utilizar todos los medios al alcance para saber cómo investigan los alumnos, cómo se relacionan con lo conocido, para qué les sirve este saber, cómo integran los nuevos conocimientos a los ya existentes, cómo es su actitud frente a aquellas experiencias más libres y autónomas, etc.

- Que en el proyecto de aula solo se evalúen los conocimientos y los resultados alcanzados, planteamiento predominantemente cognoscitivo, el cual olvida que estos no serían posibles si no existieran actitudes, valores, destrezas intereses y motivaciones.

- Que en el proyecto de aula se evalúen los conocimientos y las experiencias por fuera del currículo o de los programas vigentes, porque un proyecto de aula es una actividad autónoma e independiente. Si bien este último concepto es válido, los conocimientos y las experiencias no son instancias aisladas del currículo, sino extensiones, ampliaciones y, en algunos casos, son formas críticas y cuestionadoras de estos.

También dentro de este conjunto de prejuicios podemos incluir otros que también pueden predisponer al estudiante frente a la evaluación. ¿Qué debe conocer un alumno acerca de la evaluación?

- Que se evalúa para mejorar y formar y no para calificar o juzgar. Si logra interiorizar esta función, depondrá cualquier duda o temor que pueda afectar su creatividad, su capacidad de búsqueda y su actitud prejuiciosa frente al acto evaluatorio.

- Que no todo lo que está bien está completo, o sea, hacer tomar conciencia al estudiante para que valore no sólo lo que está bien sino lo que le falta para alcanzar los objetivos y los propósitos que se propone el proyecto.

- Que debe aprender a contrastar y comparar si autoevalúa su trabajo, ya que sólo mediante este proceso de contrastación y comparación es posible evaluar con objetividad y honestidad.

- Que para enjuiciar se necesitan muchos datos sobre el objeto evaluado. No se pueden asumir juicios de valor si estos no están asentados en el conocimiento de la realidad.

- Que las evaluaciones deben ser una experiencia compartida entre estudiantes y docentes.

- Que se deben categorizar los contenidos y el alumno debe saber que no todos los contenidos tienen el mismo valor ni la misma participación durante el proceso evaluatorio.

- Que la evaluación debe hacer parte de la rutina y de la práctica diaria, y no convertirse en un hecho extraordinario e inusual. Es decir debe ser permanente y continua.

Como lo señalamos anteriormente, la evaluación de un proyecto de aula es el resultado de un proceso donde se conjugan la evaluación sumativa y formativa y donde se entran a valorizar tanto los logros como el proceso, tanto las competencias como el desempeño. Debe existir mucha flexibilidad para que tanto en el desarrollo del proceso como en su culminación se atiendan todos aquellos aspectos que puedan ser útiles para alcanzar los objetivos del proyecto y convertir el proceso en una experiencia de aprendizaje importante para la formación intelectual, socioafectiva y técnica del estudiante.

Durante mucho tiempo se promovió la idea que las evaluaciones de objetivos y procesos eran incompatibles o, en su defecto, esta última era apenas una vía para alcanzar unos resultados determinados. La evaluación de procesos no sólo aspira a imponer correctivos dentro del desarrollo de un proyecto, sino captarlo en toda su dimensión. Muchas veces al final no se alcanzan a percibir en su conjunto todas las cambiantes y sucesivas etapas de un proceso dinámico, o sea toda la riqueza, la profundidad y el dinamismo de un proceso. Los resultados de esta evaluación deberán confrontarse e integrarse a los resultados finales, lo cual permitirá identificar estas experiencias de aprendizaje. Naturalmente entender la evaluación como proceso va a exigir modificar los procedimientos tradicionales con relación a las posiciones que usualmente se tienen no sólo frente a un proyecto en sí, sino al trabajo del aula en general.

¿Cuáles son las funciones más importantes de la evaluación formativa en el contexto de un proyecto de aula? Mencionemos tres:

- Función de diagnóstico.

- Función de orientación.

- Función de motivación.

Antes de iniciar un proyecto, necesariamente habrá que conocer las condiciones objetivas y subjetivas de la población y, de los tiempos, medios y situación donde se ubica el objeto de su evaluación. Algunos creen que es la condición inicial de cualquier proyecto de aula porque un diagnóstico conoce las condiciones potenciales y reales para realizar un proyecto de aula. Si no existen estas, por ejemplo, dificultad para constituir grupos, poca motivación para este tipo de trabajo, tiempos y espacios limitados, carencia de algunos medios mínimos para su realización, etc., habrá que crearlas previamente, salvo que se plantee como propósito el crear o desarrollar estas condiciones en la realización del proyecto.

El proceso de ayudar al individuo o al grupo con el fin de alcanzar los objetivos y los propósitos que se propone en un proyecto, además de permitir que se logre el máximo desarrollo personal y social posible, expresado en la autonomía personal, la capacidad de relacionarse con los demás y el compromiso de convivencia, es lo que identificamos con el término *orientación*. *E*l término encierra muchos significados diferentes, ya que indistintamente este implica situar a la persona en las condiciones que se desarrollan, dirigir, encauzar o guiar a una persona hacia los objetivos que se propone, o simplemente *enderezar u*n comportamiento que puede dificultar o afectar el curso de un proceso determinado. Muchas veces la orientación exige realizar algunos cambios, realizar algunos ajustes a otros o hacer concientes a los estudiantes sobre el camino más adecuado en estos casos. De ello se deduce qua la orientación no es un acto promovido sólo desde el lado docente, sino una actividad compartida qua implica diálogo, análisis y, si es posible, discusión entre ambas partes.

La motivación es otro capítulo importante, ya que no todo el mundo se encuentra interesado o predispuesto a realizar alguna actividad. Aquí también nos encontramos con una palabra que posee numerosos significados, aún en el campo educativo. Jones la ha definido como algo relacionado con la forma en que la conducta se inicia, se energiza, se sostiene, se dirige, se detiene y, como el tipo de reacción subjetiva que está presente cuando realizamos una actividad a plena satisfacción. Para otros es el impulso qua inicia, guía y mantiene el comportamiento hasta alcanzar la meta u objetivo deseado. Todas estas definiciones coinciden en el hecho que se trata de una fuerza, un impulso o un acto de voluntad que dirige y orienta nuestras capacidades hacia un fin determinado con el propósito de conseguir o alcanzar algo.

Si no existe un interés y una predisposición del estudiante hacia una actividad determinada, difícilmente se realizará o tendrá éxito. La importancia y las implicaciones pedagógicas de la motivación no sólo vienen dadas porque es la condición necesaria para llevar a cabo con todo éxito los procesos educativos, sino también porque toda práctica pedagógica tiene como uno de sus propósitos principales, motivar a los alumnos. En algunos casos la tarea previa del docente ha de estar orientada a diagnosticar el déficit motivacional de los alumnos.

Tradicionalmente la evaluación sumativa es la que se realiza al finalizar el proyecto de aula, y supuestamente procura información sobre el grado de consecución de los objetivos que se plantean previamente. Este tipo de evaluación es la que certifica y legitima en nuestro sistema educativo la promoción de los alumnos de un grado a otro, y en el caso del proyecto de aula, va a tener un significado en la medida que se relaciona con la evaluación formativa. Los resultados en este caso no siempre se van a constituir en los indicadores del proyecto porque en cada experiencia las condiciones y factores que inciden pueden ser diferentes. No se puede ser tan categórico y calificar los proyectos de acuerdo a los niveles de éxito que tenga en su intento por alcanzar los objetivos que se propone. En el trabajo pedagógico actúan muchas variables sociales, psicológicas, intelectuales, físicas, etc., que la mayoría de las veces no se reflejan en estos productos finales. Algunos autores creen que los objetivos de un proyecto de aula son apenas un pretexto y un incentivo para el desarrollo de un proceso que tiene incalculables beneficios pedagógicos para el estudiante. En últimas, al finalizar el proyecto todo el mundo se olvida de él o de los resultados finales, y queda el sabor de todas las experiencias y vivencias cognoscitivas.

Los autores sugieren y proponen muchas guías o pautas a seguir en un proceso de evaluación, las cuales como todo esquema responden a una posición y punto de vista sobre la cuestión. Por eso resulta más adecuado aplicar la denominada pedagogía de las preguntas la cual permite dar respuesta a todos los interrogantes que surgen en torno a la evaluación. Aquí algunas veces se confunden el sentido y propósito de la evaluación con los propios del proyecto, lo cual no es malo porque la actitud valorativa no tiene sentido si no se refiere a algo o alguien.

Qué evaluar en el proyecto

Aquí nos plantea una dimensión empírica de la evaluación, es decir, nos corresponde precisar el ámbito concreto que debe ser acometido por la evaluación en el proyecto de aula. Es el punto central u objeto de la evaluación porque es lo que da sentido y significado a este acto evaluatorio. Son numerosos los componentes que participan en este ámbito, porque en ellos podemos incluir a los estudiantes, el docente, los temas seleccionados, los medios utilizados, los impactos producidos, etc., pero en cada uno de estos ámbitos, a su vez, habría que precisar otros componentes que requieren mayor identificación, como por ejemplo, aspectos que tienen relación con el aprendizaje, la comprensión, la pertinencia, las destrezas y habilidades, las competencias, desempeños, logros y numerosos otros. De igual manera se pueden incluir las etapas, operaciones, funciones o fases de un proceso, las actividades, los contextos y fundamentalmente, las personas.

Cómo evaluar el proyecto

No sólo es una dimensión tecnológica o instrumental, sino principalmente epistemológica, quizás porque este *cómo e*stará determinado por el proceso de sistematización de un esquema que debe favorecer la apreciación de todos los elementos que participan en el proyecto de aula y la realidad donde actúa. Pero fundamentalmente este *cómo n*os remite a la forma como se evalúa, los procedimientos y métodos que se utilizarán en cada caso específico o a nivel general. Como todo método, es el camino que debemos recorrer antes, durante y después del proceso para lo cual requerimos de unos instrumentos que nos permitirán recopilar información sobre el proceso y unas técnicas que nos ayuden a manejar estos instrumentos.

Para qué un proyecto

Es una dimensión teleológica que nos impone como tarea determinar una intencionalidad o finalidad que le dará sentido al acto evaluatorio. Desde esta dimensión la evaluación debe nutrirse y consolidarse en función de los propósitos y los objetivos del proyecto de aula y, de los aportes sociales, psicológicos, culturales, pedagógicos y éticos que pueda tener el proyecto para el estudiante y para el grupo en general. Este puede favorecer un proyecto histórico-pedagógico que ayude a sistematizar un vocación de futuro, una interpretación de la educación, una concepción propia de la pedagogía, una responsabilidad en la toma de decisiones, un perfil del hombre y de la sociedad que se desean, un área del conocimiento o simplemente un segmento particular curricular.

Porqué un proyecto de aula

Algunas veces se puede tener una dimensión ética y teleológica porque las causas y los orígenes de un proyecto deben ser necesariamente conocidos, descritos y valorados. ¿En qué medida se justifica la evaluación de un proyecto de aula? ¿Tiene un sentido que lo justifique? Sobre este punto podemos afirmar que la evaluación de un proyecto encuentra su justificación en la necesidad de resolver o tomar decisiones enmarcadas en un compromiso destinado a conseguir la resolución de problemas determinados, fomentar las condiciones para alcanzar fines que tienen relación con el currículo, un área determinada de conocimiento o una política de la institución. Los desajustes o insuficiencia de un programa vigente o los vacíos propios de un lineamiento institucional o curricular nos ponen en sintonía con relación al por qué evaluar y al por qué hacer un proyecto.

Y quién evalúa

¿A quién le corresponde la tarea de evaluar y valorar el proceso y los resultados de un proyecto? Aquí nos enfrentamos a tres alternativas, que se constituyen en las fórmulas aceptadas y convencionalizadas de la evaluación: heteroevaluación, autoevaluación y coevaluación. Con respecto a estas opciones existen posiciones diferentes, pero algunos creen que mientras sea posible, deben incorporarse las tres. La heteroevaluación expresa la acción ejercida por una instancia externa y ajena al proyecto de aula. Se piensa que las personas involucradas en el proyecto carecen de ese distanciamiento que exige un juicio de valor sobre el trabajo realizado, por eso algunos buscan en el ámbito externo puntos de vista diferentes para valuar el objeto de evaluación. La utilidad y la ventaja de la autoevaluación se apoyan en el supuesto que quien evalúa puede revisar y valorar por sí mismo sus propias actividades como estudiante y, desarrollar como persona, la capacidad de autocrítica. Finalmente la co-evaluación se apoya en una acción evaluadora realizada por una instancia análoga, es decir, cuando se permite que cada instancia evalúe a las demás y que al mismo tiempo sea objeto de evaluación emanada de las otras. Evaluar el trabajo del compañero y que él evalúe el mío es una tarea que exige cierta madurez para evitar caer en instancias que vayan más allá de la lógica y la ecuanimidad.

De todo ello se deduce que el docente, como única alternativa evaluadora, es una práctica muy lejos de un proceso evaluatorio que nos permita valorar en toda su dimensión una actividad educativa. La heteroevaluación, autoevaluación y coevaluación deben, conjuntamente, hacer parte de la evaluación de un proyecto de aula.

Cuándo se debe evaluar

¿Existen tiempos determinados para la evaluación de un proyecto de aula? ¿Cómo se explican y se justifican? Dentro de una evaluación formativa las necesidades y algunas instancias preestablecidas determinan los tiempos de evaluación. En un proceso los indicadores se convierten en verdaderas señales que nos advierten de las insuficiencias o desviaciones del sujeto y del proyecto y que nos ayudarán a corregirlas o enmendarlas. Son como una especie de radar que nos forma para olfatear e identificar de inmediato cualquier elemento que dificulte el normal desarrollo de un proyecto. Pero estos tiempos pueden ser señalados en las diversas fases y etapas que hacen parte del proceso, y que normalmente pueden estar al comienzo (fase diagnóstica), en su desarrollo (fase intermedia) y al culminar el proyecto (fase final).

Dónde evaluar

Hoy día el concepto aula ya dejó de ser aquel espacio cerrado de cuatro paredes que albergaba el proceso de enseñanza-aprendizaje. El término "aula" es apenas un punto de referencia o de identificación de un ámbito donde un grupo de personas bajo la coordinación y orientación de un docente realiza actividades educativas y pedagógicas. A la postre esta puede tener un carácter virtual, formal, genérico o real que puede situarse en lugares y espacios diferentes.

A quiénes evaluar

Se refiere a los objetos de la evaluación que indistintamente pueden ser tanto los estudiantes y docentes como un proceso, una actividad, un medio o un contexto, todas instancias importantes del proyecto de aula. Algunos autores consideran que no se pueden transformar los procesos o los contextos en entidades abstractas y genéricas que carezcan de ese sello sustantivo que les procuran los actores y sujetos de estas actividades educativas.

Con qué criterios evaluar

Uno de los aspectos más exigentes del proceso evaluatorio, lo constituyen los criterios de evaluación. Recordamos que un "criterio" es un enfoque o punto de vista valorativo a través del cual se ejerce un juicio calificativo acerca de los significados que comportan los logros parciales del normativo señalado por un proyecto teleológico. Es decir, estos criterios deberán responder a los enfoques propios del proyecto histórico-pedagógico que se persigue. Aquí, a modo alternativo, nos encontramos con un conjunto de criterios que podemos intentar de acuerdo a los propósitos y exigencias del proyecto de aula y que al final se pueden convertir en verdaderos indicadores de esta evaluación.

- *La pertinencia:* adecuación de los objetivos a las necesidades determinadas por el contexto.

- *La coherencia*: articulación del conjunto de objetivos de un programa según un espacio armónico.

- *Consistencia:* grados de estabilidad, fundamento y coherencia del proyecto.

- *Eficacia:* capacidad de lograr los objetivos previstos.

- *Eficiencia:* consecución de resultados de acuerdo a una economía de tiempo y recursos.

- *Efectividad:* impacto de los logros o productos en función de las expectativas existentes. Que produce efectos y resultados previstos.

- *Factibilidad:* capacidad para hacer, realizar o alcanzar los objetivos que se propone.

- *Utilidad:* grado de aprovechamiento pedagógico de las experiencias y resultados del proyecto.

- *Suficiencia:* existencia de las condiciones necesarias para realizar las actividad y cumplir las funciones que se ha señalado el proyecto de aula.

- *Prioridad:* ordenación de acciones según el grado determinado por el sentido de la urgencia.

- *Prelación:* niveles de preferencia de las acciones según su enlace secuencial y temporal.

- *Eticidad:* niveles de compromiso ante las actividades y funciones.

- *Creatividad:* capacidad para innovar, transformar y proponer situaciones nuevas.

- *Fidelidad:* consecuencia con los propósitos y los modelos sugeridos.

- *Simplificación:* abreviación de los pasos previstos para alcanzar un determinado objetivo.

- *Consolidación:* capacidad para dar solidez a las acciones realizadas y asegurar su estabilidad y consistencia.

- *Apertura:* expansión y diversificación de la cobertura de acuerdo a los objetivos y propósitos señalados.

- *Programación:* capacidad para organizar y racionalizar todos los pasos preestablecidos.

- *Gestión:* ejecución de las acciones dentro del marco de una programación determinada.

- *Comprensión:* percepción y análisis de las razones que han favorecido o limitado una determinada gestión.

A través de qué estrategias

Muy relacionado con la dimensión epistemológica se encuentra lo concerniente a los aspectos metodológicos que nos indican las estrategias que se han de seguir en el proceso evaluatorio. Ello nos está recordando la necesidad de definir las tres fases de la evaluación: la diagnóstica, la formativa y la sumativa. La primera destinada a descubrir y analizar las condiciones iniciales dentro de las cuales se ubican las diversas etapas del proyecto. La sumativa se centrará no sólo en los resultados finales del proyecto, sino en la apreciación retrospectiva y alcances acumulativos del proceso. Y finalmente la formativa se ejercerá prospectivamente, de tal manera que favorezca las orientaciones y ajustes que exija el proceso.

Aquí la evaluación no sólo se limitará a recoger una información para legalizar una calificación sobre una actividad determinada, sino que debe convertirse en un medio de diagnóstico, de selección, de comprobación, de comunicación, de diálogo, de formación, de explicación, de comprensión, de investigación, de orientación y finalmente de investigación. Es decir, sus funciones la mayoría de las veces se confunden con las propias del proceso educativo y pedagógico. No se trata de convertir la evaluación en la solución de todos los problemas, sino de valorar globalmente sus funciones y recursos.

Si bien la evaluación permite emitir juicios de valor sobre la actividad educativa que se realiza, estos pueden ser arbitrarios y muy poco fundamentados si estos no se encuentran respaldados por una información y un conocimiento sobre el objeto que se evalúa. De ello se deduce que debemos utilizar un conjunto de instrumentos que nos permita recoger datos e información, al igual que cualquier proceso investigativo. La recolección de datos de calidad exige una habilidad y al mismo tiempo un criterio, porque todo el mundo puede observar pero no todos son capaces de interpretar, de atribuir sentido y significado a los hechos, actitudes y comportamientos de los estudiantes.

Debido a las características tan dinámicas del proyecto de aula, los instrumentos de recolección de datos deben ser abiertos y flexibles, pero también debemos plantearnos, como premisa, el diversificar los métodos de exploración de la realidad. El hecho que sean diferentes las formas de ver y de percibir la realidad, permite cotejar, relacionar y contrastar esta información y desarrollar un proceso de triangulación de los datos, cruzando los análisis y, hacer un tratamiento circular de los mismos. De ahí la necesidad de incluir en esta evaluación las tres formas más usuales: la observación, las técnicas orales y escritas, que, a la postre, suman la mayoría de los procedimientos de evaluación. Las dos primeras son importantes como instrumentos en la evaluación formativa y las escritas, en la sumativa, particularmente en el proceso de valoración del trabajo escrito.

No hay duda que la observación es una de las herramientas de recolección de información más importantes en este proceso de evaluación. Esta permite contemplar la realidad directamente y no a través de intermediarios o de informantes. Conoce esta realidad en su escenario natural y no en la artificiosa reproducción de un laboratorio. Por otra parte ella no está sometida a los problemas y deficiencias de los instrumentos de recogida estandarizada de información y recoge la realidad en el mismo momento en que se produce y no después en un tiempo posterior.

Es recomendable que la observación del aula esté guiada por criterios que garanticen el valor de los registros y de las interpretaciones que se asocien a ellos. En un aula suceden muchas cosas: la geografía del espacio, el sentido y dirección de los horarios, las interacciones entre alumnos y maestros, entre estos con las situaciones y los medios didácticos, las tareas que se hacen y se evalúan, los conflictos que se producen, etc. Todo esto está cargado de mensajes e información que puede ser útil para saber lo que sucede en el aula. Y en este terreno las técnicas etnográficas para describir este escenario y sus actores son valiosas porque ellas nos permiten captar todos los matices y variantes de los comportamientos del estudiante y del grupo en general.

Llevar un registro de lo observado es una tarea compleja debido a la cantidad de situaciones que se producen en el aula. ¿Existe un plan o un esquema que nos ayude a orientar nuestra observación? Como en toda observación no estructurada y exploratoria, se realiza sin muchas preconcepciones y con mucha libertad, combinando un orden definido previamente con una libertad de acción cuyos límites son los propios de las actividades que se realizan dentro o fuera del aula. Es recomendable considerar inicialmente los siguientes aspectos en este proceso de observación:

*   El escenario físico del proyecto de aula.

*   Características de los participantes.

*   Ubicación espacial de los participantes.

*   Secuencia de los sucesos y actividades.

*   Interacciones y reacciones de los participantes.

*   Otros aspectos.

En este contexto son muchas las cosas que se deben conocer para tener una información que nos permita poseer algunos indicadores o elaborar un conjunto de unidades de evaluación para adelantar algunos juicios sobre lo que se está haciendo, cómo se esta haciendo y por qué se está haciendo. La caracterización del grupo es importante porque muchos comportamientos de éste hacen parte de los integrantes del grupo. ¿Qué tipo de información debemos recoger en estas observaciones, en este proceso de evaluación? Podemos sugerir la siguiente:

*   El contenido y las diversas formas de interacción verbal entre docente y estudiante, entre estudiantes y, entre estos con otras personas ajenas al aula o al ámbito escolar.

*   Estos mismos contenidos e interacciones, pero en diversos tiempos y situaciones.

*   Ubicación espacial y temporal de los estudiantes.

*   Las conductas y comportamientos no verbales: gestos, posturas, expresiones, etc.

- Secuencia de los sucesos que se presentan en el desarrollo del proyecto

- Otros aspectos que el observador estime importantes.

Son útiles las experiencias que posee la investigación etnográfica en este campo, porque por medio de la observación participante y no participante es posible, por un lado, integrar el docente al grupo y por otro, evaluar la labor del grupo desde fuera. Aquí la observación etnográfica no se ciñe a hipótesis o categorías preestablecidas cuando le corresponde registrar la información, ya que de esta manera se evitan las preconcepciones sobre los sucesos estudiados. Generalmente para registrar la información se utilizan cuadernos o diarios de campo donde se debe:

- Relacionar las notas con los temas principales del proyecto.

- Tomar la mayor cantidad de notas sobre lo observado, sin entrar a discriminar qué es importante o no.

- Registrar textualmente las palabras.

- Poner fecha y lugar de la observaciones.

- Salvo que sea necesario, evitar interpretaciones o explicaciones en el momento de registrar la información.

Tradicionalmente, a la observación se le ha acusado de subjetiva, imprecisa y poco confiable, por eso en la mayoría de los casos se complementa con otras técnicas orales y escritas. De la misma manera podemos utilizar todas las variantes propias de la dinámica de grupos, particularmente, en los casos en que se efectúen evaluaciones colectivas. Las pruebas orales pertenecen a la tradición de los sistemas educativos y por mucho tiempo los exámenes orales y los interrogatorios hicieron parte de los mecanismos de medición, evaluación, calificación y promoción de las escuelas. Quizás por su fluidez y dinamismo estas técnicas orales se prestan a la indagación y al sondeo dentro del grupo siempre a la búsqueda de algunos indicadores que nos permitan evaluar el trabajo realizado por el estudiante.

Al igual que en el caso de la observación, en las técnicas orales existen modalidades de base estructurada y no estructurada según el grado de rigor que se tenga en cada caso. En las primeras, el docente determina por anticipado qué elementos seleccionará, es decir, aquellos que considera más importantes, en cambio, en la segunda, no posee un plan estricto, lo cual le permite observar más libremente. En la mayoría de los casos conviene combinar las dos modalidades porque cada una contribuye de una u otra forma a darle precisión, rigor y flexibilidad al proceso evaluatorio.

En las técnicas orales la pregunta es clave y fundamental en un proceso donde se consulta, interroga, investiga o indaga. Muchas veces es el punto de partida de un diálogo y una interacción que puede tener facetas y niveles diferentes tanto en el docente como en el estudiante y estas preguntas pueden referirse a hechos o acontecimientos, pueden ser cerradas o abiertas, de comprobación o de evocación, generales o especificas, de control o permisivas.

Cualquiera sea el tipo de pregunta que se haga, ella busca incitar, promover o motivar un tipo de respuesta que nos ayude a conocer, explicar y comprender las acciones que se realizan.

Dentro de estas modalidades ocupan un lugar importante las técnicas grupales de evaluación, las cuales deben hacer parte de las prácticas usuales del proyecto de aula. Lo fundamental de una evaluación es tomar conciencia de las experiencias y sacar conclusiones que permitan mejorar, rectificar y, sobre todo, lograr una sensibilización respecto a cada situación que hace parte del proyecto. Y, aunque muchas veces sólo al final se puede tener una visión global de este conjunto de pequeñas evaluaciones, cada una de ellas debe estar presente en las tareas del grupo.

¿Qué interesa evaluar en el grupo? En general, la evaluación es una oportunidad para que el grupo reflexione sobre las experiencias vividas, saque conclusiones, analice y perfeccione la metodología empleada, las relaciones existentes entre los integrantes, las normas del grupo y, todo aquello que hace parte de las vivencias grupales. Es muy difícil aplicar un esquema o un modelo único de evaluación, porque los grupos son diferentes y cada uno posee sus características propias. Pero si bien se dificulta la aplicación de cualquier fórmula preestablecida, para que esta evaluación tenga la cobertura que satisfaga nuestras expectativas, ésta, necesariamente, debe darse:

- A nivel individual.

- A nivel de equipos.

- A nivel global, de grupo.

La evaluación personalizada es una tarea que no puede estar desligada de la labor de grupo, porque un proyecto de aula es una iniciativa que centra su labor en la respuesta colectiva frente a un problema o una necesidad determinada. La evaluación individual, si bien podría tener, eventualmente, importancia como mecanismo de calificación o promoción, en este caso, nos permite conocer y dimensionar mejor los niveles de rendimiento, trabajo o de participación a nivel grupal y viceversa. Si en el aula se constituyen varios grupos, es importante realizar evaluaciones intergrupales porque ello posibilita tener juicios externos ajenos a cada grupo.

Muchos de los planteamientos con relación al tema de la autoevaluación individual, también son válidos en el caso de la grupal o colectiva. Es importante acostumbrar al grupo a autoevaluarse, lo cual nos acerca a una valorización colectiva que tiene mucho significado para el proceso de socialización del estudiante. En este campo se pueden establecer algunas pautas básicas que sirvan para definir y evaluar los niveles de orientación, de unidad y motivación, la atmósfera, la participación, etc., del grupo. Aquí surgen inevitablemente las preguntas:

- ¿Qué resultados tuvimos o tenemos al finalizar el proyecto?

- ¿Hasta qué punto estamos conscientes de los objetivos que nos hemos planteado?

- ¿Los métodos fueron los adecuados? ¿Qué fallas observamos en este terreno?

- ¿Se ha dificultado nuestro trabajo por falta de experiencia, información y conocimiento?

- ¿Estamos todos igualmente interesados en el modo de actuar del grupo? ¿Y, cómo podríamos definir esta actuación del grupo?

- ¿Qué aspectos unieron al grupo? ¿Qué los desunió?

- ¿En qué medida hemos logrado subordinar los intereses personales al ideario colectivo?

- ¿Cómo ha sido la atmósfera del grupo? ¿De competencia, de hostilidad, de colaboración o de indiferencia?

- ¿Cómo ha sido la participación individual y grupal? ¿Existió interés por la discusión y el debate, o simplemente se asumió una actitud indiferente?

- ¿Mostraron las intervenciones, que quien lo hacía había escuchado las intervenciones de los otros integrantes?

- ¿Qué objetivos se alcanzaron al finalizar el proyecto? ¿Cuáles no? ¿Por qué?

Al igual que la autoevaluación, sea individual o grupal, también en este tipo de proyectos tienen mucha utilidad los procedimientos vinculados con la co-evaluación, particularmente a nivel formativo. Un proceso educativo participativo e integral sólo puede evaluarse mediante la conjunción de todos los factores intervinientes. Nadie puede sustraerse al control del sistema evaluatorio porque importa que todos perfeccionen y afinen al máximo sus propios comportamientos en orden a la consecución de los objetivos del proyecto. La evaluación se enriquece cuando intervienen todas las partes, de ahí la necesidad que se acostumbren los estudiantes a evaluar la actividad de los compañeros y a su vez acepten los juicios de ellos. Lo importante es que los propios alumnos puedan valorar, de acuerdo con unas pautas determinadas, los trabajos individuales o colectivos de sus compañeros, así como su grado de solidaridad, participación, capacidad de trabajo y colaboración en las tareas del proyecto.

Las técnicas escritas de evaluación están presentes a través de todo el desarrollo del proyecto de aula, porque siempre es conveniente que se registren todas las actividades y labores que se realicen. La evaluación se enriquece cuando intervienen todas las partes, de ahí la necesidad de participación de todos los métodos, instrumentos y técnicas que se consideren convenientes, siempre buscando alcanzar niveles superiores de validez y confiabilidad. La mayoría hacen parte de estos instrumentos, hacen parte de los procedimientos ya convencionalizados, por eso no hace falta analizar todas las pruebas, tests y técnicas escritas que normalmente se utilizan en cualquier proyecto. Para ampliar el tema se puede consultar el libro *La evaluación como experiencia total* (Cerda, 2000) donde se reseñan los procedimientos e instrumentos más comunes en este terreno y que tienen plena validez en el proyecto de aula.

El Proyecto de Aula: una experiencia compartida

Tema: Nuestro petróleo: fuente de riqueza y de pobreza

Este proyecto de aula fue realizado por los alumnos pertenecientes al décimo grado en el contexto de las clases de Ciencias Naturales y contó con la colaboración de docentes pertenecientes a las cátedras de Química, Física y Ciencias Sociales. A continuación se describe muy sintéticamente todo el proceso, etapas y procedimientos utilizados en este proyecto. Esta es una de las tantas variantes que existen sobre una modalidad que a pesar de tener propósitos precisos, ha adoptado procedimientos muy diferentes para su realización.

A. Elección del tema

La selección del tema fue obra de un grupo estudiantes motivados por el impacto que les habían producido las noticias de prensa que hacían referencia al descubrimiento de nuevos pozos petroleros en Colombia, el daño ecológico a los ríos y a la naturaleza como consecuencia del derrame del líquido (fotos que muestran unas aves cubiertas de petróleo crudo) y, el aumento del precio del petróleo en los mercados internacionales, lo que supuestamente iba a producir enormes beneficios a la débil economía colombiana. Estos tres aspectos tan diferentes pero vinculados a un tema común, se constituyeron en los factores principales de motivación en la elección del tema. Si bien en los programas de estudios el tema del petróleo hace parte de sus contenidos, éste es percibido en forma muy segmentada y parcial.

B. Delimitación del tema

En las diversas reuniones que se efectuaron entre el docente y los estudiantes del curso se debatieron, plantearon y se sugirieron numerosas ideas sobre el tema y, en general, existió consenso sobre el enfoque interdisciplinario que exigía el estudio en donde debían integrarse y complementarse contenidos vinculados al campo de la química, biología, física, ecología, sociología y aún de los derechos humanos. En los programas y en el currículo el problema no se percibía globalmente y sólo existía preocupación por estudiarlo desde el punto de vista químico o económico. Se llegó a la conclusión que en torno al petróleo giraban aspectos químicos, sociales, biológicos, económicos y ecológicos, los cuales se reflejan unos en otros.

C. Diagnóstico

Bajo la orientación del profesor se realizaron sesiones de evaluación colectiva para conocer los niveles de información que existía entre los estudiantes sobre el tema. Se hicieron algunas consultas verbales y se entregó un cuestionario a los alumnos donde se incluían preguntas vinculadas al tema. Se pudo comprobar que el conocimiento sobre el tema era muy general, disperso y superficial y no exento de ciertas creencias, supersticiones y prejuicios.

D. Estudio indagatorio inicial

Bajo la orientación y asesoría del profesor se constituyó un grupo de trabajo que estaría encargado de realizar una exploración preliminar para delimitar el tema y analizar sus posibilidades. Este grupo se documentó en Internet, en la bibliotecas y en la propia sede de ECOPETROL y se comprometió a entregar un informe preliminar que se constituiría en la base para diseñar un proyecto sobre el tema. A su vez se consultó a gente común sobre el tema, especialmente aquellos aspectos que afectan o determinan su vida cotidiana.

E. Informe preliminar

Este primer informe destacaba la importancia económica, técnica y social del petróleo, del cual se obtenía la gasolina y el diesel para nuestros carros y combustible para barcos y aviones, energía calórica para fábricas, hospitales, oficinas y diversos lubricantes para maquinarias y vehículos. La industria petroquímica usaba productos derivados de este para hacer plásticos, fibras sintéticas, detergentes, medicinas y conservadores de alimentos y agroquímicos. El petróleo era generador de riquezas, de divisas para el país, de nuevos empleos y crecimiento económico, pero también el uso indiscriminado e irresponsable de sus derivados era el responsable de daños ecológicos, contaminación atmosférica y del agua, deterioro a la salud del hombre y el bienestar de las plantas y animales.

F. OBJETIVOS DEL PROYECTO

A partir del informe preliminar se efectuaron algunos debates y discusiones con el propósito de definir los objetivos principales del proyecto y aportar algunos argumentos que lo fundamentaran y justificaran. Es decir, el qué, el para qué y el por qué del proyecto. Los diversos grupos que analizaron y discutieron los contenidos del informe preliminar, realizaron algunas propuestas en ese sentido. Inicialmente los objetivos del proyecto serían los siguientes:

- Utilizando todas las fuentes primarias y secundarias disponibles, realizar un estudio destinado a conocer todos los aspectos químicos, biológicos, sociales, económicos y ecológicos vinculados al tema del petróleo.

- Percibir globalmente la problemática surgida de la composición, extracción, explotación, uso, efectos y economía del petróleo.

- Desarrollar algunas competencias comunicativas generales entre los alumnos: hablar, leer y escribir (exponer temas, analizar y sintetizar lecturas y, realizar trabajos escritos) además de la incorporación de la cultura petrolera en el curso.

- Promover y desarrollar el espíritu, las habilidades y las capacidades investigativas entre los estudiantes.

- Promover y desarrollar el trabajo de grupo y colectivo, los procesos de comunicación y de interacción, respetando la iniciativa y la actividad personal de los estudiantes.

G. Diseño y planeación del proyecto

Las fases y etapas del proyecto fueron las siguientes:

- Justificación.

- Objetivos generales y específicos.

- Constitución y organización de los grupos.

- Definición, asignación y distribución de los temas.

- Identificación de las fuentes de datos.

- Selección de las técnicas y métodos para la recolección de la información.

- Cronograma de trabajo.

- Trabajo de campo.

- Informe de avance.

- Preparación del informe final.

- Informe final y sustentación.

Este plan de trabajo seria opcional ya que cada grupo podría realizar los ajustes que fueran necesarios, pero siempre teniendo como base las fases aprobadas por el colectivo del curso.

H. Definición, asignación y distribución de los temas

Como resultado del trabajo inicial (diagnóstico, informe preliminar, justificación y definición de los objetivos) se establecieron los temas y contenidos del proyecto. Fueron los siguientes:

- ¿Qué es el petróleo? Petroquímica, tipos de petróleo y productos derivados del petróleo.

- Usos y aplicaciones del petróleo en la vida moderna

- La economía del petróleo

- El petróleo como elemento contaminante del medio ambiente (atmosférico, suelo, agua, etc.).

Debido a que los estudiantes mostraron una marcada predisposición hacia determinados temas, estos se sortearon y se organizaron los grupos alrededor de ellos. Si bien los temas eran diferentes, todos ellos estaban íntimamente relacionados.

I. SELECCIÓN DE LAS FUENTES DE DATOS.

Inicialmente se acordó que cada grupo debería reunirse y asesorarse con los profesores de química, física biología y ciencias sociales, los cuales no sólo ayudarían a los grupos a orientar su trabajo, sino a seleccionar las fuentes datos del proyecto. Estas fuentes podrían incluir bibliotecas, hemerotecas, internet, chat, documentos institucionales asesorías de docentes y entrevistas personales.

J. CONSTITUCIÓN Y ORGANIZACIÓN DE LOS GRUPOS DE TRABAJO

El curso se subdividió en cuatro grupos integrados por siete personas, a quienes se les asignó por sorteo uno de los temas acordados. Entre los integrantes del grupo se designó un coordinador que representaría al grupo en las diversas reuniones que se realizaran y se encargaría de dirigir los aspectos logísticos y operativos de los subproyectos. Si bien cada subgrupo se encargaría de un tema determinado, posteriormente estos se debían integrar en un informe único donde se correlacionarían todos los contenidos relacionados con el tema del petróleo.

K. IDENTIFICACIÓN DE LAS FUENTES DE DATOS

Aunque anteriormente se dieron algunos pasos, aquí con la ayuda y asesoría de algunos profesores se entran a identificar y precisar estas fuentes de datos. Cada tema tiene fuentes específicas de datos. Por ejemplo, los aspectos estrictamente químicos se consultaron con dos universidades en Bogotá que tienen carreras de Ingeniería de Petróleos. Los relacionados con los efectos contaminantes del petróleo con el Ministerio del Medio Ambiente, la parte económica con las subgerencias de mercadeo de ECOPETROL y finalmente sus aplicaciones con dos multinacionales vinculadas con la refinación y distribución de hidrocarburos.

L. SELECCIÓN DE TÉCNICAS Y MÉTODOS PARA LA RECOLECCIÓN DE LA INFORMACIÓN

Entre las técnicas y métodos se incluyeron los siguientes:

- Revisión y Análisis documental

- Entrevistas a especialistas en el tema que se indaga

- Videos sobre los temas

- Internet

- Hemeroteca (periódicos y revistas en la Biblioteca Luis Ángel Arango)

M. Cronograma de trabajo

Una vez seleccionadas las fuentes y determinados los medios e instrumentos para la recolección de la información, los grupos por separado entraron a confeccionar el cronograma de trabajo, donde se señalaban las actividades a desarrollar y sus tiempos de duración. Se utilizó un diagrama de Gantt para determinar los plazos y calendario de actividades. Los tiempos debían coincidir con los propios de los otros grupos y los acordados inicialmente con el docente responsable del proyecto.

N. Trabajo de campo

Es la puesta en práctica de todas las directrices y pasos definidos previamente en el plan de trabajo y en el cronograma del proyecto. Durante este proceso se llevaron a la práctica todas las directrices asignadas al grupo total y a cada uno de los subgrupos. Ya se señalaron anteriormente los procedimientos y técnicas que se utilizaron en la recolección de los datos y algunas actividades realizadas durante este proceso de trabajo. Durante este tiempo se acuerdan con el profesor las fechas para realizar un informe de avance del proyecto.

O. Informe de avance

Se acordó efectuar un informe de avance con el propósito de que cada grupo conociera lo que estaban realizando los otros y así evitar repeticiones, cruces y definir algunos criterios que facilitaran la posterior integración de los subproyectos en uno solo, pero conservando la independencia y la riqueza informativa de cada uno de ellos. Desde un comienzo se planteó como criterio principal el principio de *unidad en la diversidad.*

En exposiciones libres cada grupo describió lo que había hecho hasta ese momento, los problemas y obstáculos que habían tenido y un informe de autoevaluación sobre el grupo en general.

P. Informe final y sustentación

Inicialmente se había planteado que uno de los propósitos del proyecto era integrar y articular aquellas percepciones diferentes sobre el tema del petróleo, todo ello con la intención de darle un significado plural, interdisciplinario y global. Por eso se decidió integrar los cuatro subproyectos en uno solo, pero respetando los aspectos singulares y propios de cada subproyecto. Todos los subgrupos se reunieron y entraron a analizar aquellos aspectos que, a su juicio, podrían servir de elemento vertebral de estos subproyectos. Se decidió que podría estar en torno a los objetivos del proyecto. De igual manera se decidió que cada subgrupo elaboraría su propio informe y una síntesis. Estos subgrupos designaron un representante quien va a tener la función de participar en la integración de estos proyectos.

Se efectuaron numerosas reuniones de trabajo destinadas a integrar los contenidos y se acordaron los procedimientos para sustentar el trabajo final. Para darle continuidad y coherencia, la sustentación fue apoyada con acetatos que mostraron gráficos, cuadros e imágenes lo cual complementó la sustentación oral y en la cual participó todo el grupo.

De igual manera se acordó que la población objeto de la exposición y sustentación serían los estudiantes del noveno grado, quienes se convertirían en una parte de los evaluadores del proyecto. La sustentación tendría el siguiente desarrollo:

* Presentación inicial y general del proyecto que tiene por propósito dar una visión global de este y destacar su carácter interdisciplinario e integral.

- Participación de los representantes de los cuatro subgrupos quienes con el apoyo de algunas técnicas audiovisuales, exponen aspectos relacionados con los temas asignados.

- Preguntas y consultas de los estudiantes sobre las diversas exposiciones.

- Síntesis final y conclusiones.

- Entrega al profesor del documento escrito.

Q. EVALUACIÓN DEL PROYECTO

Durante todo el proceso del proyecto se realizó un tipo de *evaluación formativa* adelantada por el profesor con el propósito de sugerir ajustes y cambios a los proyectos, una *evaluación sumativa* al final de cada ciclo o fase del proyecto y que además de tener propósitos formativos, buscaba adelantar juicios de valor sobre algunos procesos terminales. Y, finalmente una *autoevaluación* donde el estudiante tuvo la oportunidad de revisar por sí mismo sus propias actividades como estudiante y desarrollar como persona la capacidad de autocrítica. En todas estas evaluaciones se revisaron los siguientes aspectos:

- Niveles de información y comprensión de los contenidos vinculados con el tema. Es importante que la información ayude a asumir una toma de conciencia frente a la problemática estudiada.

- Comprensión en la práctica, de la importancia de la investigación y de la creatividad en el proceso de autoaprendizaje y de construcción del conocimiento.

- Manejo y uso de algunos métodos y técnicas de investigación y de la creatividad.

- Desarrollo de las competencias comunicativas de los alumnos en lo que respecta a algunas habilidades básicas vinculadas con el lenguaje y la capacidad para analizar, relacionar, operar y conceptualizar.

- Desarrollo de algunas competencias vinculadas a la capacidad de relacionar la teoría con la práctica, lo que se dice con lo que se hace.

- Conocimiento y manejo en la práctica, del método y las técnicas del proyecto en general y del proyecto de aula en particular.

- Niveles de comprensión en la práctica, de los procesos de integración, globalización y los enfoques interdisciplinarios del conocimiento y la actividad científica.

- Niveles de toma de conciencia sobre la actividad individual y colectiva, en grupo y, sobre la necesidad de articular lo colectivo con lo particular.

La evaluación, con algunos altibajos, pudo comprobar que se habían alcanzado gran parte de los objetivos y propósitos planteados.

Bibliografía

ASSAEL, Jenny; NEUMANN, Elisa. PIIE. *Clima emocional en el aula. Un estudio etnográfico de las prácticas pedagógicas.* Santiago de Chile,1991.

BERSTEIN, Basil. *La estructura del discurso pedagógico.* Madrid: Morata. 1993.

BOUTINET, Jean-Pierre. *Anthropologie du projet.* Presse Universitaire de France. Chapitre VI. Paris, 1990.

BORDALLO I. et GINESTET, J. P. *Pour une pédagogie du projet.* Hachette, Paris, 1993.

BURGUIERE, E. et GAUTIER, H. *Pédagogie du contrat VI,* Reims INRP, CRDP. Paris, 1991.

CAZDEN, C. B. "Classroom Discourse". En: M. Wittrock: *Handbook of Research on Teaching.* New York: Mc-Millan. 1986.

CERDA, Hugo. *Cómo elaborar proyectos*. Cuarta edición. Bogotá: Cooperativa Editorial Magisterio. 2001.

___________ *La evaluación como experiencia total*. Bogotá: Cooperativa Editorial Magisterio. 2000.

___________ *Los elementos de la investigación*. Bogotá: Editorial El Búho. 1995.

COLL, C. *Psicología y curriculum*. Madrid: Paidós. 1991.

DEWEY. J. *Experience and Education. The latest works of John Dewey*, Vol. 13. Carbondale Southern Illinois University Press. 1938.

DUBOIS, L. *La pédagogie su projet*. Bruxelles: Editions Vie Ouvrière. 1997.

DUSSEL, Inés y CARUSO, Marcelo. *La invención pedagógica del aula. Una genealogía de las formas de enseñar*. Buenos Aires: Editorial Santillana. 1999.

ELLIOT, J. *La investigación-acción en Educación*. Madrid: Ed. Morata. 1990.

FERNÁNDEZ, H. y VENTURA, M. *La organización del currículo por proyectos de trabajo*. Barcelona: Editorial Grao. 1995.

GLASERFELD, E. Von. "Cognition, construction of knowledge and teaching". En: *Synthese 80*, USA,1989.

GRAVES, Donald. *Estructurar un aula donde se lea y escriba*. Buenos Aires: Editorial Aique. 1991.

FERNANDEZ, H. y VENTURA, M. *La organización del currículo por proyectos de trabajo.* Barcelona: Editorial Graó. 1995.

FLANDERS, N. J. *La interacción didáctica.* Madrid: Anaya. 1979.

FUENTES, M. *Psicología social del grupo. Investigación y desarrollo de teorías.* Puebla, México: Editorial Universidad Autónoma de Puebla. 1993.

GIARD, Vincent. *Gestion de projets.* Paris: Economica. 1991.

HOPKINS, D. *La investigación en el aula.* Barcelona: PPU. 1989.

HUERTA, Albericio. *Los agrupamientos flexibles.* Barcelona: EDB. 1997.

KILPATRICK, W. H. *The project method.* Teachers College Record. USA, 1976.

LATORRE y GONZALEZ. *El maestro investigador. La investigación en el aula.* Barcelona: Graó. 1992.

LANDDSHEERE, y BAYER. E. *Cómo enseñan los profesores. Análisis de las interacciones verbales en el aula.* Madrid: Santillana. 1978.

LÓPEZ, Marielsa. *Proyecto pedagógico de aula. Cuadernos para la reforma educativa venezolana. Orientaciones para su elaboración.* Caracas: Editorial Estudio Anaya. 1998.

MAC LUHAN, M. *El aula sin muros.* Barcelona: Cultura popular. 1968.

MARTÍNEZ SÁNCHEZ, Amparo y MUSITU, Gonzalo. *EI estudio de casos para profesionales de la Acción Social.* Madrid: Narcea. 1995.

MEDINA RIVILLA, Antonio. *Didáctica e interacción en el aula.* Bogotá: Cincel Kapelusz. 1989.

MINISTERIO DE EDUCACIÓN. *Proyecto pedagógico de aula. Cuadernos para la reforma educativa venezolana.* Orientaciones para su elaboración. Caracas: Editorial Estudio Anaya. 1998.

MONTAGNER, H. *L'enfant et la Communication.* Paris: Stock. 1988.

PARATORE, Jeanne y McCORMACK, Rachel. *Peer Talk in the classroom: Iearning from research.* Harvard University. USA. 1997.

PRESZMYCKY, Halina. *El contrato didáctico en educación.* Barcelona: Graó. 2000.

SHULMAN, Judith y WHIFTCOMB, Rachel. *Guía para el facilitador. El trabajo en grupo y la diversidad en las aulas.* Buenos Aires: Amorrortu. 1999.

SLAVIN, R. E. *Cooperative Learning. Review of Educational Research.* Vol. 50, No. 2. USA, 1986.

SLENHOUSE, I. *La investigación como base de la enseñanza.* Madrid: Editorial Morata. 1987.

SNYDERS, G. *Pedagogía progresiva.* Barcelona: Laia. 1972.

TONUCCI, F. *La escuela como investigación.* Barcelona: Avance. 1976.

El autor

Hugo Cerda Gutiérrez

Investigador, docente y escritor. Realizó estudios en el Instituto Pedagógico de la Universidad de Chile de Santiago. Fue director técnico de varios grupos de teatro y periodista en diversas publicaciones del continente. Docente e investigador en universidades de Chile, Perú, Ecuador, Colombia, Venezuela y México. Es autor de 25 libros relacionados con la educación, arte, teatro, literatura infantil, metodología de la investigación, realidad social de la infancia, etc. Entre ellos hay que destacar los siguientes: *Ideología y cuentos de hadas*, Madrid, 1985 y 1990; *Literatura Infantil y clases sociales*, Madrid, 1986; *Problemática del niño colombiano*, Bogotá, 1991, 1995 y 1998; *La investigación total*, Magisterio, 1993 y 1996; *Cómo elaborar proyectos*, Magisterio, 1996, 1997, 1998 y 2001; *Los elementos de la investigación*, 1991, 1995 y 1998; *La prostitución infantil en Colombia*, 1997; *La evaluación como experiencia total*, Magisterio, 2000; *La creatividad en la ciencia y en la educación*, Magisterio, 2000.